ジョン・コールマン博士

石油戦争

石油戦争史

アメリカ帝国主義は、経済進化の宿命的な産物である。北の隣人が帝国主義者にならないように説得しても無駄だ。彼らは、どんなに善意であっても、そうならざるを得ないのだから......

」。

エル・ユニバーサル』(メキシコシティ、1927年10月

OMNIA VERITAS®

ジョン・コールマン

ジョン・コールマンは、イギリスの作家で、元秘密情報局のメンバーである。コールマンは、ローマクラブ、ジョルジオ・シーニ財団、フォーブス・グローバル2000、宗教間平和コロキアム、タヴィストック研究所、黒人の貴族など、新世界秩序のテーマに近い組織についてさまざまな分析を行っています。

石油戦争

石油戦争史

WE FIGHT FOR OIL
A history of US Petroleum Wars

オムニア・ヴェリタス・リミテッドが翻訳・発行しています。

OMNIA VERITAS

www.omnia-veritas.com

アメリカの石油戦争の歴史は、ウィルソン大統領がタンピコに米軍を上陸させたときから始まっているのである。後世の歴史家がその穴を埋めることになるかもしれない。ペルシャ（現イラン）とメソポタミア（現イラク）への米国の関与の歴史は、不可欠な天然資源である石油の追求と支配が中心であった。このことを考えると、米国（および英国）の情報源から得られる情報は、大目に見るべきだという結論に達するかもしれない。

石油外交は、商業的、場合によっては軍事的な考慮によって支配される。このように、ウッドロウ・ウィルソン以来、すべてのアメリカ大統領は、石油の利益を考慮に入れてアメリカの外交政策を策定してきた。マッキンリー大統領は「孤立はもはや不可能である」と宣言し、ウィルソン大統領も「我々は好むと好まざるとにかかわらず、世界の生活に参加している」と述べて、この気持ちを代弁した。すべての国の利益は、私たちの利益でもあるのです。私たちは他者とのパートナーである"

なぜなら、現代の国際的なパワーは経済的なものであり、すべての戦争が経済的なものであるのと同様に、この本はすべてのアメリカ人に触れる、あるいは触れるべきものだからだ。今度、あなたの息子や娘が国のために戦うよう命じられたら、このことを思い出してください。もし、イラクに莫大な石油資源がなかったら、今頃アメリカはあの国に入り込んでいただろうか。国内の石油不足への懸念が原動力になっているようだ。アメリカの海外資源争奪戦は、国際情勢の主要な要因となっている。本書は、自国の将来について関心を持つすべてのアメリカ人に読んでもらいたい問題提起である。

第1章

石油産業が求めるもの

原油国との長年の "対立 "について、簡潔で分かりやすいガイドブックが確かに必要だ。1855年4月16日、エール大学のベンジャミン・スティルマンとジョージ・ビッセルは、ペンシルベニア州タイタスビルのある地域で、黒くて粘性の高い濃厚な泥を発見したという報告を受けて、投資家に「ロックオイル」を提供した。ロシアは以前、バクーで同様の調査結果を述べていた。ビッセルは早速、エドウィン・ドレイク（以下、ドレイク大佐）にタイタスビルで石油を掘るように命じた。

泥」を販売するクリーブランド商会を一手に引き受けていたジョン・D・ロックフェラー以外、誰も「泥」を使うことはなかったのだ。その後、彼はパートナーのヘンリー・フラグラーと一緒に製品会社を設立し、ランプオイルとして販売したり、別の方法で癌の治療薬としてパッケージングしたりした。会社はすぐに45万ドルという、当時としては天文学的な金額にまで成長した。実際、アメリカだけでなく世界の脅威となったのは、ジョン・D・ロックフェラーと彼の率いるスタンダード・オイルであった。スタンダード・オイルは、オハイオ州クリーブランドで、そしてアメリカ北東部の他の地域で、競合他社の多くを吸収・破壊しただけである。

ロックフェラーが「光の商人」と呼ばれるようになった

のは、「ブライト」という商品でアメリカの各家庭にランプを灯していたこともあるが、世界のエリートが集まる世界一の秘密結社「イルミナティ」のメンバーであったことを皮肉っているのである。

1859年8月27日、ドレイクは掘削地点で石油を発見した。クーン・ローブとロスチャイルドが支配するフランスの大手銀行パリバからの融資を背景に、スタンダード・オイル（1870-
1911）は、スタンダード・オイル設立の1870年までにアメリカの全製油所の95%を所有または支配し、1879年にはアメリカの製油所能力の90%を所有・支配するまでになりました。

1863年、ジョン・D・ロックフェラーは、パラフィンを精製する近道を発明したサミュエル・アンドリュースという化学者と出会った。アンドリュースはパートナーとして契約し、後にフラグラーも加わってロックフェラー、アンドリュース、フラグラーというパートナーシップを組むことになった。

1906年、アメリカ政府は、ロックフェラーのスタンダード・オイル・トラストが石油という戦略物資を独占していたため、これを解散させようとした。世間はこれを悪徳企業と見なし、ある州からの法的攻撃や1904年のアイダ・ターベルの暴露（*『スタンダード・オイルの歴史』）があった。*
上院は米国司法省に助けを求め、1909年にスタンダード社が独占的行為に相当する次のような方法をとっていたとして、連邦裁判所に提訴したのだ。

> 鉄道協会に有利なリベート、優遇、その他の差別的行為、パイプラインの管理による制限と独占、競合するパイプラインに対する不当行為、競合他社との取引制限の契約、競争を抑制するために必要な地点での現地価格の引き下げなどの方法、偽の独立企業の運営、同

じ目的での石油割引の支払いなどです。

1911年5月5日、最高裁判所は、スタンダード・オイル・トラストの独占の解消を命じた。と審査員の方々はおっしゃっていました。

> 7人の男と企業のマシンが共謀して、仲間を殺したのだ。共和国の安全のために、我々は今、この危険な陰謀を11月15日までに終わらせることを宣言する。

1904年に『*McClures Magazine*』24号に掲載されたアイダ・ターベルのジョン・Dに関する記述によって、彼らの中のタコが暴露され、あまりにも多くの人々が警戒し、ついにロックフェラー信託に対する断固たる行動が起ころうとしているように思えたのである。しかし、残念なことに、これは幻にすぎなかった。ロックフェラー氏は、最高裁の判決にもめげず、この巨大企業を分割し、それぞれ25%の株を保有した。特に、スタンダード社のウィリアム・バートン氏が、原油からガソリンを作る熱分解プロセスを開発した後、この分裂はロックフェラー社を潤すことになった。

企業国家は、今や企業ファシズムが、戦争と平和という最も重要なものでさえ、すべての主要な外交政策決定の支配機関となる段階に達していたのである。メキシコは、1910年にベラクルスとタンピコを中心とするメキシコ湾岸に大規模な石油鉱床が発見された直後から、アメリカ帝国主義のしっぺ返しを食らうことになる。

すべては、スタンダード・オイル社の利益のために行動していたウィルソン大統領が、最も薄い口実で軍隊をヴェラ・クルスに派遣したことから始まった。アメリカは、メキシコを占領するつもりはなかったが、メキシコの石油をアメリカ企業の支配下に置くようにしたのだ。

アメリカは次々と革命を起こし、メキシコを混乱に陥れ、スタンダード社やイギリスは平然と石油を略奪するのである。ジョン・Dは、自分の「危険な陰謀」を恐れる人たちを、またしても鼻であしらったのである。

英国の権益はカウドレイ卿（ウィートマン・ピアソン）が引き継ぎ、1901年に偶然にもラレドに立ち寄ったことにより、1910年に設立したメキシカン・イーグル・ペトロリアム社を通じてメキシコの石油を入手することができた。第一次メキシコ革命の後、ウィートマン・ピアソンは、メキシコに保有していた石油をすべて英蘭系の多国籍企業ロイヤル・ダッチ・シェルに売却した。シェルは、「スーパーメジャー」と呼ばれる石油会社になることを運命づけられていた。

ヨーロッパでの戦争はメキシコに休息を与え、正規に選出されたカランサ大統領は、1917年に承認された国家憲法の草案を作成することができた。アメリカのマスコミが主張するのとは逆に、ベヌスティアーノ・カランサ将軍は野蛮な革命家ではなく、裕福な家庭に生まれ、学識と教養のある人物であった。州議会議員、副知事を歴任し、誰が見ても真のメキシコ愛国者であった。スタンダード社と石油王にとっての黒星は、第27項で、「すべての鉱物、石油、すべての炭化水素（固体、液体、気体）の直接所有権」を国家に与えるというものである。今や、外国人がメキシコでビジネスをするためには、メキシコの法律を完全に尊重し、従うという契約にサインするしかなかった。アメリカ（ロックフェラー）に逆らったため、カランサは1920年に暗殺された。

そして、メキシコの石油を正当な所有者から奪い取るために、悪の限りを尽くした誹謗中傷のキャンペーンが行われたのである。しかし、それが失敗すると、その後40年間、欧米の大手石油会社はこぞってメキシコの石油をボイコットした。

フランスのロスチャイルド家（アルフォンスとエドモン

ド）とスウェーデンのノーベル社が、1870年に極東貿易会社という石油会社を設立してロシアに目を向けたとき、300人委員会（[1] ）が活躍した。しかし、ノーベル兄弟は、移住先のバクーで、石油をめぐるすべての競争相手を打ち負かしたのだ。ルートヴィヒ・ノーベルは「バクーの石油王」というニックネームで呼ばれた。

イギリスのウィンザー家とオランダのハウ・オランジェ家（オレンジ家）が手を組んで事業に乗り出し、1903年にシェル石油と協定を結び、アジア石油会社を設立した。スタンダード・オイル社、ロスチャイルド・ノーベル社、ロシアの小企業の間で、バクー油田の緊張を和らげようとする努力は、失敗に終わった。

インドネシア・スマトラ島など極東の石油開発を目的に、ロイヤル・ダッチ・シェル・ペトロリウム・カンパニーが設立された。300」のメンバーであることが、すべての扉を開くことになった。

300人委員会」は、日々の事業をヒル・サミュエルのマーカス・サミュエルに任せ、1897年から1898年にかけて、マーカス・サミュエルに雇われた探鉱・掘削工のマーク・エイブラハムズがボルネオ島で石油を発見したのだ。ロンドンのマーチャント・バンクとその傘下の商社サミュエル・モンタギューが、エドモンドとアルフォンス・ロスチャイルドと手を組み、アジア石油会社を設立したのだ。ロスチャイルド家は留まることなく、株式をロイヤル・ダッチ・シェル社に売却した。1892年、シェルは南洋の原油をスエズ運河経由でヨーロッパの精製工場に輸送した。

---

1 Omnia Veritas Ltd, www.omnia-veritas.com.（『*陰謀家の階層*』、『*300人委員会の歴史*』、ジョン・コールマン、オムニア・ヴェリタス社）。

300人委員会」のロイヤル・ダッチ・シェルが、現在世界で操業している石油会社の中で最も古く、最も大きな会社の一つであることは間違いないだろう。2005年の売上高は3,067億3,000万ドルでした。オランダの故ユリアナ女王、ヴィクター・ロスチャイルド卿、アフリカのナシ王子
アーネスト・オッペンハイマー卿、ロンドンのサミュエル家、ウィンザー家がロイヤル　　　　　　　　ダッチシェルの大株主である。ユリアナの死後、彼女の株はオレンジ家（オランダ）に譲渡された。

石油産業の歴史的な説明は、すべての国、特に帝国主義のイギリスが欲しがるイラクの土地と石油をめぐる「外交」（嘘、偽りの約束、脅迫、二重取引、政治的圧力、いじめ、不当な盗み）の紆余曲折を経て、私たちに迫ってくるのです。工業化され石油を失ったイギリスは、一世紀近くもイラクとイランの内政に干渉し、果たされない約束に基づき、ビロードの手袋に隠された鉄拳の脅威のもと、次々と譲歩を誘惑、説得し、引き出している。

イラクとイランで豊富な原油が発見され、米国と両国の対立状態が95年前から長期にわたって続いている。

第2章

石油を動力源とする軍艦の構想 エドワード・グレイ卿が第一次世界大戦を煽る

第一次世界大戦の直前、イギリスの海軍士官フィッシャー大尉が「海軍の未来は石油で動く軍艦にある」と報告したことがきっかけで、連鎖的に石油に関心が集まった。1882年にペンシルベニア州タイタスビルとロシアのバクーで発見されたこの真っ黒な液体がもたらす可能性に着目したのである。ジョン・D・ロックフェラー氏は、オイルランプの新しい燃料としての可能性を見出し、「ブライト」と名付けた。[2]そして、この新しい発見を利用するために、スタンダード・オイル社を設立したのである。

1904年、フィッシャー艦長は、英国海軍がウェールズ軍艦を石炭焚きから石油焚きに切り替えることを望んだ。1870年以来、カスピ海でロシア船が「重油」と呼ばれる「油かす」を燃やしていたことに着想を得たのだろう。この展開は、ジュリアス・ド・ロイター男爵（ロイター通信の家長）[3]
も注目していた。1872年、ロイターはイランで50年間の

[2]"ブリリアント"

[3]有名な通信社ロイター。

石油探鉱・掘削の利権を獲得した。彼は自分の会社を「アングロ・ペルシャ・カンパニー」と呼び、1914年にフィッシャー提督の助言で「ブリティッシュ・ペトロリウム・カンパニー（BP）」と改名した。

イギリスが長い貿易路を確保するためには制海権が不可欠であり、フィッシャー提督は、イギリスの軍艦に石油エンジンを搭載すれば、ドイツの海軍力に対してかなりの優位に立てると考え、提督諸侯に懇願した。1870年、ドイツはイギリスの商業的優位性を脅かす存在となった。エドワード・グレイ卿をはじめとするイギリスの指導者たちは、これを最終的に戦争につながる「犯罪」と見なした。フィッシャー船長は、「石炭火力船がフルパワーになるまでに4〜9時間かかるのに比べれば、はるかに短時間で済む。石油火力船なら30分で同じ稼働率を達成し、わずか5分でフルパワーになる」と指摘したのだ。大きな問題は、イギリスには原油の埋蔵量が確認されていないことである。アメリカやロシアから石油を輸入することになるが、平時には問題ないが、戦時にはかえって危険かもしれない。

その後（1912年）、フィッシャーの後を継いで首相になったチャーチルは、こう語っている。

> "・・・もし（石油が）必要なら、平時も戦争時も、遠い国から海上輸送しなければならない。"

それでもフィッシャーは、「戦艦の『石炭』には500人で5日間かかるが、石油を使えば12人で12時間しかかからない」と指摘し、夢を追い求めた。さらに、石油を燃料とする軍艦の航続距離は、石炭を燃料とする軍艦の最大5倍にもなるのだ。ところが、1904年、英国秘密情報部（MI6）が新原油の重要性を強調するメモを政府に送ったことで、フィッシャーは認められ、提督の第一卿に昇格した。フィッシャーは、1912年に王立委員会を設立してその長となり、英国が将来の石油需要を確保するための最善の方法を研究し、勧告する委員会を設立する権限を与えられた。

パーマストン卿は、原油資源を持つ国々に対するイギリスの長年の意図は、新しい信条に基づくものであることを明らかにした。このような姿勢は、ウィンストン・チャーチルが全面的に支持するところであろう。彼はこう付け加えている。

> 「私たちは、少なくとも必要な石油の源泉の所有者、あるいは支配者になる必要があるのです。"

王立委員会の委員長を務めたジャッキー・フィッシャーは、貧しい身分の出身でありながら提督の第一卿になった人物である。1841年にセイロンで生まれ、John Arbuthnot Fisherと命名された。1854年、英国海軍に入隊し、技術開発に専念する。超大型戦艦「ドレッドノート」の建造を監督するほどの敏腕で、一般に英国海軍の偉大な提督の一人とみなされている。フィッシャーは偉そうにしていて、同僚を喜ばせないような上から目線の態度に見えてしまう。フィッシャー委員会は、MI6がロシアとバルカン半島で主導的な役割を果たすよう勧告し、MI6のトップエージェントの1人であるシドニー・ライリー（シグムンド・ゲオルグジェビッチ・ローゼンブラム）は、イギリスのために石油の大型契約を獲得するためにバクーに派遣される。また、ライリーは、ペルシャの鉱物資源をかなりの割合で契約していると思われる、英国生まれのオーストラリア人、ウィリアム・ダーシー・コックスという無名の人物との交渉も任されることになった。ウィリアム・ノックス・ダーシー（1849年12月11日 - 1917年5月1日）は、イギリスの小さな町ニュートン・アボットで生まれた。父親は弁護士で、1866年に一家でオーストラリアに移住し、クイーンズランド州のロックハンプトンに住み着いた。ダーシー一家は、14世紀にアイルランドの最高裁長官兼総督であったLord D'Arcy of Knaythの直系である。

ウィリアムは、父親の経営する法律事務所に入社してキャリアをスタートさせたが、土地投機に転じた。幸運にも金を発見した会社と提携したのだ。このパートナーシップは、金の発見を資金源とし、マウント・モーガン・ゴールド・マイニング・カンパニーという鉱山を開設した。ウィリアム・コックスは、1889年にイギリスに帰国するまでに、かなりの財産を築き上げました。1900年、彼はウルフ、キタビ、コットの3人と一緒に、ペルシャに石油を探しに行くことを決意した。1901年、イラン国王レザー・ハーン・パフラヴィーとの交渉を開始した。

ダーシーは、国王から「ファーマン」（契約書）を受け取りました。

> ペルシャの国土を自由に調査し、穴を開け、掘削する全権限を持ち、その結果、求めていた亜流の石油製品は例外なく彼の所有物となる」。

ジョージ・B.の率いる掘削チーム。レイノルズはペルシャに派遣され、ダーシーは研究を開始した。ダーシーが自己資金50万ドルを拠出して、会社が設立された。

その見返りとして、ダーシーは毎年2万ドルと16%のロイヤリティをシャー・レザー・カーン・パフレヴィーに支払った。しかし、うまくいかず、1904年、ダーシーはビルマ・オイル・カンパニーに訴え、10万ドルを用意し、掘削を継続させることを余儀なくされた。1907年、成功しなかったため、マスジド・イ・スレイマンに場所を移し、1908年に掘削が開始された。4月、この事業が破綻しかけた時、ペルシャ（イラン）が世界最大の産油国となる最初の発見が、標高11,800フィートで行われた。1909年、油田とアバダンに建設された製油所がパイプラインで結ばれた。ウィリアム・ノックス・ダーシーは、スタンダード・オイルを根底から揺るがすようなクーデターを起こした。

パリのロスチャイルド家が手配したフランス政府との契約にサインをしようとしたその時、ライリーは執念でダーシーを見つけ出し、面会した。ライリーは、ダーシーがフランスと契約しようとしている時に、どういうわけかダーシーをおだてて、（ウィンザー家の代理として）イギリス政府と契約させた。

1909年には、ウィンザー家、オレンジ家、ロイター男爵を主要株主とするアングロ・ペルシャン・オイル・カンパニーが設立され、ダーシーが取締役に就任した。このイギリスとの契約は、ライリーの名人芸であり、ボルシェビキ革命が起こった時に、特別な権威を得ることができた。ボルシェビキ政権から戦略的な鉱物や金属の契約を獲得する役割を担っていたのだ。ヴィクトリア女王の地質学者が、1534年からオスマントルコ帝国に属していたメソポタミア（イギリスの委任によりイラクと改称）に膨大な石油埋蔵量があることを証明したのは、この記念すべき出来事（1902年）の前である。

ヴィクトリア女王は、1896年に異母兄二人を殺害して権力を握った悪徳政治家ムバラク・アル・サバの時代に、シャート・アル・アラブ水道の底にイギリスの軍艦を配備して「砲艦外交」のカードを切り、この領土（後のクウェート）がイギリスの保護領になったことをトルコに通告している。

次に、シェイク・アル・サバが「イギリス帝国政府」と石油利権に関する協定を結び、イギリス政府のためにこの地域を確保することになったのだ。この取り決めは、「永借権」によって連結されていた。続いて、シェイク・アル・サバとの間で、「イギリス政府が任命した者以外は租界を受けない」という2回目の協定が結ばれた。これでイギリス海軍への石油の供給は保証されたようなものだ。忘れてならないのは、「クウェート」と呼ばれる土地は、過去400年間変わらずイラクのものであり、クウェートの北の「国境」は、当時世界で最も豊かな油田、イラクに属していたルメイラ油田を通っていたことである。

こうして、古代メソポタミアから大量の石油が海賊版として運び出されたのである。この国は、第一次世界大戦後、イギリスが新しい委任統治国として名付けた「イラク」になった。そのため、ドイツ海軍は、1909年にイギリスの石油動力船「ドレッドノート」よりも先に改造を開始した軍艦の燃料となる石油を調達する方法を知らなかったのである。フィッシャー提督の英国海軍改造計画は、もはや夢想家の夢ではなく、フィッシャーの後を継いで第一卿となったウィンストン・チャーチルによって、新「ドレッドノート」級の最初の艦が就役したのである。

1911
年、チャーチルは、イギリス海軍が「海を支配」し続けるためには、ペルシャ湾での強力なプレゼンスが不可欠であることを認識するよう政府に促した。1912年、英国議会は、フィッシャー卿を委員長とする「石油と石油エンジンに関する王立委員会」を設置した。石油は、来るべき戦争で決定的な役割を果たすと認識されていたのだ。これが、今日まで続く「石油外交」とも呼ばれる不誠実な行為の始まりであった。同時に、イギリスは海軍のために石油を手に入れることを目指し、そのためにメキシコや中東の油田に進出していった。イギリスの帝国石油政策は、アーサー・ヒルツェル卿の書いた秘密のメモに記されていた。

> 「私たちが望むのは、あの時作るべきだったのは、自分たちで糸を引きながら安心して任せられるアラブの制度を持つ政権であり、あまりコストがかからず、労

働党政権がその原則に従って飲み込めるものであり、その下で私たちの経済と政治の利益が確保されるものなのです。

もしフランスがシリアに留まるなら、保護領を設定するという口実を与えることは避けなければならない。もし彼らが去ったり、私たちがメソポタミアで反動的な態度をとれば、ファイサル国王がアメリカに両国の支配を促すというリスクが常にある......」。"

このような裏の帝国主義的な政策は、アメリカにも伝わり、見事に引き継がれた。アフガニスタンとイラクの問題を本当に知っている人で、この2カ国にアメリカ軍が駐留している唯一無二の理由が、石油などの炭化水素の聖杯であることを知らない人はあまりいないはずである。当時、イランで石油が採掘できず倒産寸前だったアングロ・ペルシャン・オイル・カンパニーの株式の過半数を、極秘のうちに英国政府が買い取ったのである。現在、同社はブリティッシュ・ペトロリアム（BP）と呼ばれ、300人委員会の旗艦会社の一つとなっている。

1914年4月14日、ヴィクトリア女王の後を継いだジョージ国王は、外務大臣エドワード・グレイを伴って異例のパリ訪問を行い、ドイツの工業力向上と国際貿易の拡大に危機感を抱いた。ジョージ・グレイ中佐の息子であるエドワード卿は、オックスフォードのバリオル・カレッジで教育を受け、1892年にウィリアム・グラッドストンによって外務大臣に任命された。その目的は、フランスを説得し、イギリスと一緒にドイツとオーストリアに対抗する秘密軍事同盟を結ぶことであった。

国王はフランス政府に自国が破綻していることを告げず、さもなければこの訪問の結果、同盟は成立しなかっただろう。実際、破綻の状況は、1914年5月12日付の英国財務省からロイド・ジョージ首相へのメモに記録されており、その事実が明確に示されている。

(グレイは、ドイツの商業的拡大に対するフランスの防衛を、イギリスの外交政策の主要な柱とした（1939年にも同じような口実が使われた）。フランスとの約束が秘密裏に交渉されていたことは、怒って辞職したチャールズ・トレヴェリンをはじめ、ジョージ・キャドバリー、E・D・モレル、ラムジー・マクドナルドら野党議員の間に大きな不安を抱かせるものであった。第一次世界大戦の前夜、グレイは議会で、フランスの対独戦争に参加し、「英国の対仏義務を果たす以外に選択肢はない」と発言した。これは、「欺瞞による外交」[4]
その最も醜い姿であり、醜い虐殺、膨大な人命の損失、無謀な財産の破壊を伴う第一次世界大戦の直接的な原因であった。エドワード・グレイがいなければ、第一次世界大戦は起こらなかったと歴史が示す日が来るかもしれない。ドイツの商業的拡大という許しがたい罪と、独自の貿易システムや為替制度を作ろうとする欲望は、少なくともグレイ卿の見解では抑制されなければならなかった。

エドワード・グレイ卿一人の外交政策に基づき、秘密裏に締結された英仏協定は、史上最も血生臭い戦争と言われる第一次世界大戦の舞台となったのである。英仏軍事協定が結ばれてからわずか3ヵ月後の1914年7月28日、オーストリアのフェルディナント大公がサラエボで暗殺された。グレイの政策は、ドイツを事実上一掃し、イギリスが新しい世界秩序という目標を達成するために必要な天然資源を手に入れるというものであった。エドワード卿の論文の中で際立っているのは、当初から石油の供給を確保する必要があったということである。

1914年8月、ヨーロッパは第一次世界大戦の炎に包まれた

[4]*嘘による外交-*
*英米政府の裏切りに関する記述』*ジョン・コールマン、オムニア・ヴェリタス社、www.omnia-veritas.com を参照のこと。

。この戦争は、人知を超えた数千万人の犠牲者を出した、現代で最も残酷で恐ろしい戦争である。セルビアのサラエボを訪れていたフェルディナンド大公の暗殺は、戦争を誘発するために設定される多くの「発明された状況」の2番目の露骨な使用であり、この恐ろしい戦略の実行者と計画者は、「未開」ドイツではなく、「文明」イギリス、そして後にアメリカであった。第一次世界大戦を通じて、石油は、中国のアヘン戦争に始まり、アングロ・ボーア戦争（1899〜1903）に続くイギリス帝国主義の追求の要の役割を果たすことになった。1917年まで、石油の重要性を十分に認識していない工業国はほとんどなく、クレマンソー大統領がウィルソンに「石油」をフランスに送るよう緊急に訴えたことが思い起こされる。

> *連合国の安全保障がかかっている。もし連合国が戦争に負けたくないのなら、ドイツの大攻勢の時に、明日の戦いに血と同じくらい必要な燃料をフランスに枯渇させてはならないのです。*

1914年9月6日、ロンドンの新聞は、フランスのガリエーニ将軍のパリ・タクシー軍団が、前線への兵員輸送に投入されるとの報道でもちきりであった。彼が徴発したタクシーやバスの機動艦隊のための「ガソリン」がなければ、フランスは敵対行為の開始後数カ月で敗退していただろう。この時点で、ジョージ王とエドワード・グレイがなぜフランスと協定を結んだのかが分かってくる。

これは、イギリスがドイツを攻撃するために「フランスを助けに行く」という間接的な口実を与えるためであった。ジョン・Dはクレマンソーの「石油」の要請にいち早く応え、1916年に「帝国」ジャック・ノートン大佐がバクーがドイツの手に落ちるのを防ぐために完全に破壊した旧ルーマニアの源泉からドイツが切り離されていた時期に、フランス軍に十分なアメリカの物資を送っている。イギリス外務大臣カーゾン卿は、休戦協定締結の10

日後、1918年11月21日の勝利の晩餐会でのスピーチで、次のように述べた。

> *連合国は石油の洪水によって勝利に導かれたのである。石油がなければ、どうやって艦隊の機動力を確保し、軍隊を輸送し、火薬を製造することができたのだろうか。*

石油を保有する国々は、やがて石油が資産ではなく、強欲な帝国主義の呪いであることを知ることになる。国際連盟は、国際的に知られることなく、大規模な土地収奪のための薄っぺらな手段であり、その最初の犠牲者の一人がパレスチナであった。1917年11月、ボルシェビキは、イギリスとアメリカがオスマン帝国を解体し、自分たちと少数の「同盟」国の間で分割する計画を正式に立てたことを示す秘密文書の隠し場所を発見し、その事実を突き止めた。密約は1916年2月、ロシア軍が主な犠牲者となっている戦争のさなかに結ばれた。

帝国イギリスとアメリカの裏切り行為は、2006年まで続いた。いわゆる保守派の共和党大統領G・W・ブッシュが率いるアメリカは、アメリカの法律、憲法、ヴァッテルの「国家法」、そしてすべてのジュネーブ条約とニュルンベルク議定書に完全かつ意図的に背き、アメリカに何の害も与えていない国に対して自分だけが「第一攻撃」を命令できると主張したからである。本書は、アメリカ、イギリスという2大強国が、石油という豊かな賞金を得るために、共犯者に助けられながら、堕落と欺瞞の深みにはまった、薄っぺらな帝国侵略を描いたものである。"事実は小説よりも奇なり"。1917年に公式の政策として根付いたアメリカの石油帝国主義は、この真理に忠実に生きていたのである。ハロルド・イケスは1942年12月、国防担当の石油調整官として、次のような掲示をした。

"サウジアラビアの石油資源開発は、総合的な国益に照らして検討されなければならないと強く考えています。"

アメリカの国家安全保障が、自国から遠く離れた外国と結びついたのは初めてのことであった。これは、アメリカ帝国主義の行動が、受動的な国家から能動的な国家へと大きく前進したことを示すものであった。イラクはこの前提の妥当性を確認している。アメリカは、前世紀にイギリスが果たしたのと同じ役割を、イラクの石油で果たし始めたのだ。過去95年間、イギリスとその帝国主義同盟国は、憧れの第一石油賞を獲得するために、最も基本的な堕落に身を落とすことを決してためらわなかった。

英国の歴史は、豊かで強力な国家が、より小さく貧しく弱い国家を収奪するために共謀した物語であり、とても痛快なものである。1899年のイギリス対ボーア戦の再来かと思われるほどだ。当時は、ボーア国が金塊を渡さないことが争点になっていた。今日、「紛争」はイラクが「黒い金」を渡すことを拒否していることである。

イラクの石油開発は、捏造された状況、秘密の取引、欺瞞、政治的干渉、そして最後の「外交」である銃口を背景に発展してきた。本書は、経済学者、歴史学者、現地代理人としての私の視点から書かれ、25年にわたる調査に裏打ちされたもので、石油王を支持してきた粗野な宣伝屋を困惑させる。一般には公開されていない歴史的な秘密文書、金持ちの私的文書、原油供給を確保するためのアメリカ帝国主義の侵略戦争の悪名高い記録を基にしたこの有益な本を読めば、イラクとの「紛争」は全く違って見えると私は断言する。

この100年間、米国は石油を資源とするすべての国に対して、国際法や米国憲法に反して、メキシコのように内政に直接干渉し、不安定にさせるという侵略政策をとってきたのである。石油産業は、ウィルソン大統領の命令で米海兵隊がタンピコに介入して以来、アメリカ国民に何十億ドルもの犠牲を払って、アメリカの外交政策に口を出してきたのである。

この方針は、最近になって、世界が「陰謀」をはるかに超えて「公然の陰謀」に移行しているという驚くべき確認がなされたのである。2006年半ば、作家のジョン・パーキンスは『*経済ヒットマンの告白*』（[5]）という驚くべき本を出版した。この本は、私が1971年以来すでにある程度詳しく書いてきたことの多くを裏付けている。アメリカが、気に入らない政府や要求に従わない政府を倒すためにどのように行動するかということである。パーキンズの著書から引用します。

> この30〜40年の間に、私たちエコノミック・ヒットマンたちは、実際に最初の真の世界帝国（米国）を作り上げました。それは主に経済によって行われ、軍隊は最後の手段でした。

だから、かなり秘密裏に行われたのです。ほとんどのアメリカ人は、私たちがこの帝国を作ったということを知りません。実際、世界中で、軍が復讐のためにやってきた古い帝国とは異なり、それは非常に静かに行われました。だから、その意義は、最近南米の人口の8割以上が反米大統領に投票したことや、世界貿易機関（WTO）で起きていること、それに。実際、ここニューヨークでの交通ストライキは、世界中の中流階級と下層階級が、私が企業貴族と呼ぶ、この帝国アメリカを実際に動かしている人々によって、ひどく、ひどく搾取されていることを人々が理解し始めていることを表しています。

さらにパーキンスは、エコノミック・ヒットマンとはど

---

[5]Cf、『*金融暗殺者の告白*』ジョン・パーキンス、ARIANE、2016年。

ういうものかについて説明する。

> 私たちがしてきたこと...私たちは多くのテクニックを使いますが、おそらく最も一般的なものは、私たちの企業が欲しがっている石油などの資源がある国に行って、世界銀行やその姉妹機関のような組織を通じてその国に多額の融資を手配するのですが、ほとんどすべてのお金は国自体ではなくアメリカの企業に行くのです。ベクテル、ハリバートン、ゼネラルモーターズ、ゼネラルエレクトリックといった企業が、発電所、高速道路、港湾、工業団地など、この国に巨大なインフラプロジェクトを建設していますが、それらは非常に裕福な人々のためのもので、貧しい人々には決して届かないものです。実際、ローンを返済しなければならず、しかも巨額のローンであるため、貧しい人々は苦しんでいます。このローンを返済することは、貧しい人々が教育や保健などの社会サービスを受けられなくなることを意味し、国は巨額の負債を抱えることになりますが、すべて意図的に行われたことなのです。
>
> 私たちエコノミック・ヒットマンがこの国に戻り、彼らにこう言うのです。「いいか、お前は我々にたくさんの金を貸している。借金が返せないから、肉をよこせ。我々の石油会社にあなたの石油を安く売るか、次の国連投票で我々と一緒に投票するか、イラクなど世界のどこかにいる我々の軍隊を支援するために軍隊を送るかだ。"そして、このようにして、私たちが何をしたかを知る人はほとんどいないまま、世界帝国を築くことに成功したのです。

パーキンス氏は、システムの仕組みや利用方法を説明する中で、最初に国家安全保障局（NSA）にスカウトされたことを明かした。

しかし、パーキンスは「性格的に弱点が多い」という理由で断られ、民間企業に就職することになった。まず、ボストンの大手コンサルティング会社チャールズ・T・

メイン社で、20人のエコノミストとしてスタートすることになったのだ。ボストンの大手コンサルティング会社、メイン社で、20人ほどのエコノミストとしてスタートした。

> 私の仕事は、このような大規模な融資を受け入れるよう国々を説得し、銀行に融資をさせ、その資金がアメリカの企業に行くように取引を設定することでした。その国は莫大な借金を抱えることになり、私は部下を連れて行って、「いいか、お前はこの金を借りているんだぞ」と言うんです。借金が返せない。この肉をよこせ"
>
> もうひとつは、今南米で起きていることですが、エボ・モラレス（ボリビア）のように反米的な大統領が選出されると、私たちの誰かが行って、「大統領、おめでとうございます」と言うのです。あなたが大統領になった今、私はあなたとあなたの家族を大金持ちにすることができると言いたいのです。我々のやり方でゲームをすれば、このポケットに数億円は入っているのだ。もしそうしないと決めたら、このポケットにはあなたの名前が書かれた弾丸の入った銃がある。選挙公約を守って私たちを追い出すことになったときのためにね。"
>
> 私はこの男に大金を稼がせることができる、彼とその家族、契約によって、様々な準法的手段によって。もし彼がそれを受け入れなければ、エクアドルのジェイミー・ロルドスやパナマのオマール・トリホス、チリのアジェンデと同じことが起こるだろうし、我々はベネズエラのチャベスにそうしようとしたし、今もそうしようとしているのである。最近エクアドル大統領にしたように、彼を転覆させるために人を送るだろう。
>
> 1970年代、トリホスはパナマ運河の返還を要求し、世界中を騒がせた。私はパナマに派遣され、我々のやり方でゲームをするようにと説得したのです。そして、

パナマシティ郊外の小さなバンガローに私を招いて、「いいか、俺はこのゲームを知っていて、お前のやり方でやれば大金持ちになれるが、そんなことは俺には関係ない」と言ったんだ。重要なのは、私が貧しい人々を助けることだ"
と。トリホスは天使ではなかったが、貧しい人々にとても献身的だった。それで、"俺のやり方でゲームをやるか、この国から出て行くか"と言われたんです。

上司に相談したところ、「ここに残るべきだ」ということになりました。しかし、パナマ運河の問題で世界中がトリホスを注目しており、彼が考えを改めなければ、ジャッカルがやってくる可能性が高いことは分かっていた。パナマを失うだけでなく、パナマは他の人たちの模範となるような存在になるのです。だから、とても心配だったんです。私はトリホスが好きで、彼を乗せたかった理由のひとつは、仕事だからというだけでなく、彼が生き残る姿を見たかったからで、彼が勝負に出なかったために、殺されたんです。

飛行機は火災で墜落したが、その後、彼が飛行機に乗った時にテープレコーダーを渡され、その中に爆弾が入っていたことは間違いない。その後の調査を行った人たちも知っていますし、かなりいろいろなところに記録が残っていて、私自身も何が起こったのか知っています。もちろん、そんなことはない、というのが私たちの公式見解でした。飛行機は単に山にぶつかっただけだ。しかし、間違いなく、そうなることを期待していたのです。

また、サダム・フセインに対してもそうしようとした。協力しない彼を、経済界のヒットマンは正気に戻らせようとした。私たちは彼を暗殺しようとした。でもそれが面白かったんです
彼はかなり忠実な警備をしていました
さらに彼はたくさんのそっくりさんを抱えていました
嫌なのはそっくりさんのボディガードです

> それが大統領だと思い込んで大金を取って暗殺するんです
> そしてそっくりさんを暗殺するんです。というのも、そうすると自分や家族の命にあまり価値がなくなるので、サダム・フセインに手を出せなかった、だから軍隊を派遣したのです。
>
> サダム・フセインは、長年にわたってアメリカの懐に入っていた。しかし、私たちはサウジアラビアと交わしたような最終的な合意を望んでいたのだ。私たちは、サダムが本当に私たちの体制と一致することを望んでいましたが、彼はそれを拒みました。彼は私たちの戦闘機や戦車、化学兵器の製造に使っていた化学工場を受け入れた....。しかし、サウジアラビアが欧米のイメージで行ったように、巨大な開発組織を導入して自国を再建するために、彼は我々の体制に同調しようとしませんでした。そして、石油をユーロではなく、常に米ドルと交換すること、石油の価格を私たちが許容できる範囲内に抑えることを保証してもらうよう、説得を試みました。彼はこの要求に応じなかった。もし、そうしていたら、彼はまだ大統領だったでしょう。

パーキンスは「帝国」の仕組みについて多くのことを説明していますが、読者の皆さんには、アメリカの帝国主義政策を追求する人々が外国をどのように扱っているかを納得させるのに十分な情報を提供できたと思います。パーキンズが明らかにしたもう一つの典型的な例は、マーシャル・プランである。第二次世界大戦後、ドイツを中心としたヨーロッパの復興を加速するため、表向きは「マーシャル・プラン」が実施された。あまり知られていないのは、マーシャル・プランの資金のほとんど、数十億ドルが、ドイツの復興とは関係のないアメリカ向けの石油の購入と確保のために、アメリカ企業に渡ったということである。国務省の記録によると、マーシャル・プランの資金の10%もが、ニュージャージー州のスタンダード・オイル（エクソン）スン・バキューム（モービル）、カリフォルニア州のスタンダード・オイル、（シェブロン）テキサコ、ガルフ石油に流れたという。

エクアドル、ベネズエラ、バクー、ペルー、イラク、イラン、フィリピンなど、帝国主義アメリカの攻撃を受けている国々に派遣するように言われたのである。第二次世界大戦後、インドで始まった反植民地運動は、「わずかな報酬で天然資源を奪われるのはもう許せない」と世界中に広まった。しかし、この運動は企業ファシズムの歩みを止めることはできず、ほとんど衰えることなく続いていった。

2008年の今、私たちはイラク、イラン、カスピ海地域に対する攻撃を目の当たりにしている。それは、原油資源を完全に支配するための帝国戦争の一環である。私たちは、ジョージ・ブッシュがイランが世界平和の脅威であるという誤った声明を発表し、それをおべっか使いのブレアが追認しているのを聞いた。またまた、政治家たちの虚偽のメッセージを電波に乗せて放送しているわけだ。ブッシュ前大統領がこの国を帝国主義的で違憲かつ違法なイラク戦争に導き、世界第二の産油国を掌握できなかった過去17年間（1991年以降）、アメリカ国民は常にイラクに対するプロパガンダの嵐にさらされ続けてきました。このことは、1814年にボルシェビキの指導者バクーニンが、石油業界の強盗男爵によってアメリカ国民に向けられたある種の非道なプロパガンダに対して警告した言葉を思い起こさせる。

> 外交で嘘をつく。外交にはそれ以外の使命はない。ある国家が他の国家に宣戦布告しようとするときは、まず自国の国民だけでなく、全世界に向けてマニフェストを発表することから始める。
>
> この宣言の中で彼女は、正義は自分の側にあると宣言し、自分が平和と人道の愛によってのみ動かされるこ

> と、寛大で平和な感情に染まり、敵の不義が増すにつれて剣を捨てざるを得なくなるまで、長い間黙って苦しんできたことを証明しようと努めています。同時に、彼女は、あらゆる物質的な征服を避け、領土の増加を求めず、正義が回復され次第、この戦争を終わらせることを誓う。そして、彼女の敵対者は同じようなマニフェストで応じる。その中ではもちろん、正義、人道、あらゆる寛大な感情が彼女の味方である。
>
> この互いに対立するマニフェストは、同じように雄弁に書かれ、同じように義憤を吐き、一方は他方に劣らず誠実であり、つまり、どちらも嘘偽りがなく、それに欺かれるのは愚か者だけなのである。良識ある人々、政治経験のある人々は、このようなマニフェストを読もうとはしない。

ブッシュ・チェイニー石油軍団のマニフェストの中で最も大きく、最も頻繁に繰り返される嘘の一つは、イラクが「自国民にガスを浴びせた」というものである。ブレア氏が何度も繰り返しているこの主張は、クルド人村の住民へのガス処刑のことを指している。村に命中した神経ガス入りのロケットはイランが発射したことが判明し、後に海軍情報局（ONI）が、使用された毒ガスの種類（ソマリア神経ガスを濃くしたもの）がイラクの武器庫から出たものではないことを指摘し、確認された。

しかし、それでもこの嘘は何度も何度も繰り返された。チェイニー石油政権によるイラク戦争は「イラクの石油を支配するための帝国主義的な探求ではなく、正義の戦争」であるとアメリカ国民に信じさせるためであった。以下は、1991年4月の*World In Review Insider Report,* Volume No Iから引用したものである。

> アメリカやイギリスの政府がクルド人を裏切ったというのが真相です。パレスチナ人に続いて、ロンドンとワシントンによって最も厳粛な約束が破られたのはクルド人である。つい最近まで、アメリカ人はクルド人

が誰なのか、どこに住んでいるのか、まったく知りませんでした。イラクの国同様、クルド人もアメリカにとっては未知の国であった。

1991年、帝国はイラク戦争に突入し、イラク国民を大量虐殺し、国土を荒廃させた。この戦争の後、クルド人を弾圧してきた歴史のあるイギリス政府は、クルド人ゲリラを再武装させ、アメリカの傭兵としてフセイン大統領打倒に利用することをブッシュ大統領に約束したのだ。しかし、この計画は時期尚早で失敗に終わり、ブッシュは裏切られたクルド人から急遽、政権を離脱させることになった。クルド人の歴史を簡単に説明すると、物事を正しく理解するのに役立つかもしれない。イラクの北西端に位置するクルディスタン（IRAQであることに注意）は、常にこの地域で唯一の半自治国家であった。

1900年、イギリスがトルコとペルシャの問題に広く介入した結果、イギリスはこの地域の広い範囲を支配することになり、1907年に締結された条約で固定化された。ペルシャはこの取り決めに満足せず、ヴェルサイユで開かれたパリ講和会議に代表団を送り、トランスカスピ海、メルヴ、ヒヴァ、デルベント、エリバン、クルディスタンをイギリスに与えた1907年の条約の破棄を要求したが、イギリスは破棄要求を阻止するのに成功した。1919年、イギリスはバグダッドに侵攻した。1922年、イギリスはイラクと軍事協定を締結した。同年6月、クルド人は反乱を起こし、丸1年間、イギリス軍と戦った。イギリスは激しい空爆と毒ガスで反乱を鎮圧した。イギリス首相への報告書には、このガス処刑は「鎮静効果」があると書かれていた。

第3章

ペルシャの石油をめぐってイギリスが権力を握る ブッシュが中東戦争を推し進める

イランで石油が発見されたのは1908年、マスジ・イ・スールマン鉱区である。この出来事は、南アフリカでの金の発見がボーア人の国を破滅させるのと同じように、中東の運命を完全に変えることになる。このほか、モスル県（イラクの地区）やバスラでも油田が発見された。イギリスは、パレスチナ探検協会の考古学者を装った石油専門家を派遣し、開発中の油田をスパイしていたのである。スパイはモスルに到着し、1912年にトルコ石油会社の設立に協力した。1914年3月にロンドンで行われた外務省の会議には、イギリスとドイツの代表者、ドイツとオランダの銀行の代表者が出席し、この会社は認められた。トルコが参加している会社のように見えるが、実際にはトルコは参加していない。

戦争が始まると、チャーチルは「石油はイギリスにとって最も重要なものだ」と宣言した。この発言は、イギリス戦争内閣の長官であるモーリス・ハンキー卿がアーサー・バルフォーに宛てたメモで補強され、イランとイラクの石油の支配は「イギリスの主要な戦争目的」であると宣言している。イギリス軍は、この「イギリスの主要な戦争目的」を達成するために、イラクの主権に関係なく、1915年にイラクに侵攻し、1917年に石油都市バスラ、バグダッド、モスルを首都として奪取したのである。しかし、イギリス軍は泥沼化し、インド軍の遠征隊に救われることになった。1919年8月9日、パーシー・コックス卿は、ペルシャの石油に大きな影響力を持つイギリス・ペルシャ協定に調印した。その後、マジュリス（議会）はこの協定の批准を拒否した。1920年2月、レザハーンと3000人のコサックがテヘランに進軍した。レザハーンは統一条約を破棄し、12月にトルコと友好条約を締結した。

クルド人を含むどの少数民族も、ペルシャやトルコ、そしてイギリスから代表や相談を受けたことはない。その結果、クルド人は裏切られたと感じ、長い間、反乱を繰り返すようになった。以上のことから、クルド人の「問題」は、イラクのフセイン大統領が登場する何十年も前から始まっていたことがわかる。サダムは自国民をガスで殺している」と繰り返し世界に語ってきたブレア英首相は、英国空軍がクルド人市民をガスで殺す役割を果たしたことが証明されていることについて、都合よく何も語らなかった。タヴィストック研究所は歴史の事実を歪曲するのが得意で、石油をめぐって争い続ける英米からこの行為を隠すことに成功した。ちょうど、ボーア民族の財産である金を盗もうとした英国政府の意向で、ハエのように死んでいったボーアの女性や子供たちを収容した強制収容所を隠すのと同じである。

イラクでは、イギリス政府の目的は明確だった。クルド人を使って地域全体を不安定にし、広大な石油地帯を完全に支配下に置くことだった。イギリスは、1901年にダーシーに与えられた石油利権の強さに満足していなかった。また、1929年8月11日にペルシャから独立国家として完全に承認されたイラク政府を弱体化させることも目的としていた。

石油は、英米の帝国主義者のターゲットだったのだ。イギリスと同盟関係にあるアメリカは、「我々は石油のために戦っている」というスローガンを採用すべきだったし、誠実であればそうしていただろう。その代わりにカーゾン卿は、女王陛下のモスルに対する政策は石油のためではなく、むしろクルド人を保護する義務を果たすという神聖な義務に基づいている、とぶっきらぼうに言ったのである。モスルの油田争奪戦への英国の関与が眉唾であることを考えると、カーゾン卿の言葉はシニシズムの極みであった。

英国は、1899年に南アフリカのボーア共和国でいわゆる「外国人特権」を獲得したとき、ボーアの金の支配が最大の関心事だったのと同じように、1921年と1991年に恥も外聞もなくクルド人を利用して、自分たちの利益を図ったのである。2008年の今日、唯一の違いは、英国が米国に負けていることです。アメリカは、イギリスの帝国主義を引き継いでいるのです。

ローザンヌ会議（1922年11月～1923年2月）で、トルコはクルド人を含む少数民族の権利を尊重することに合意したが、実際には尊重されなかった。1923年7月の*ニューヨーク商報の*社説にはこう書かれている。

> ローザンヌは、国際会議のあるべき姿ではない。それは、すべての人間的、人道的問題を便宜上犠牲にしたことである。

この会議で結ばれたローザンヌ条約は、20世紀の流れを変えた条約として歴史に名を残している。第一次世界大戦の終わりに結ばれた一連の平和条約と国際連盟の設立は、表向きは世界に「自由」をもたらすためのものだったが、自由をもたらすどころか、帝国主義の新たな波とオスマン帝国の滅亡をもたらしたのである。ローザンヌ条約は1823年7月24日に調印され、イギリス、イタリア、フランス、トルコの批准を経て、1924年8月6日に発効した。

*ニューヨーク・タイムズ*紙は、この会議を社説で取り上げた。

> モスルと自由は、すべての交渉の対象である石油ラッシュにおいて、私たち全員にチャンスを与えてくれます。しかし、アメリカは石油王の利益を守ることよりも、もっと良い仕事ができるはずだ。公の場では平和や文明について話すことができますが、プライベートでは石油について話します。なぜなら、将来利権を得ることになる地域が危機に瀕しており、彼らはその権利を確保しようとするためなのです。

会議では明らかにされなかったが、その裏で行われていたのは、大規模なビレイエット（油層）の存在が確認されているイラクの未踏査地域に対する大手石油会社の足がかりを得るための絶え間ないポジション争奪戦であった。その一つが、イラクのキルクーク北部のクルド人居住区で、全長150マイルに及ぶ地域である。1927年10月、ババ・グルグルの掘削機が石油を発見し、制御不能の巨大噴出物が9日間にわたって周囲の土地に石油をあふれさせ、空には濃いガスが漂っていた。キルクーク油田の埋蔵量は2億1,500万トンで、大発見の規模もさることながら、英米の石油会社の強権的な欲望によって中東全体に与えたダメージは、現在も続いており、期待に違わぬものであった。その3年後（1930年10月）、東テキサスで「ダッド」ジョイナーが驚くべき噴出を見せたが、大発見とはいえ、石油会社が中東の石油に大きく投資していたため、アメリカの油田の開発を望まなかったため、ほとんど軽視されることになった。パパ・ジョイナーの「ブラック・ジャイアント」は、非常に怪しい状況で石油王のH.L.ハント（1889-1974）に売却された。

1930年5月の選挙が決着した後、クルド人はチャンスとばかりに、指導者アリ・フェフティ・ベイが率いるトルコ新政府に対して反乱を起こした。この蜂起はアララット山周辺で起こり、イギリス軍によって残忍に、血まみれになりながら鎮圧された。

1961年6月10日、イラク政府は米英の支援を受けたクルド人指導者アルバルザニの新たな挑戦に乗り出し、クルド人は再び攻撃にさらされることになった。1965年4月、彼らは再びイラク政府に対して武器を手にした。彼らは「明確に定義された地域とクルド人軍」を要求した。1966年3月、新たな戦闘が勃発し、3カ月間続いた。イギリス軍の大部分は、この行動に参加した。この反乱は、イラクがクルド人に地域自治を認めると約束したことで終結したが、この約束は完全に守られることはなかった。

1969年3月、反乱軍のクルド人は再び武装し、この時期最も激しい戦闘となった。クルド人を使った秘密行動計画が実行に移され、一時はブッシュ大統領のフセイン大統領打倒の思いが実現しそうな勢いだった。付け加えると、停戦協定（イラク人は署名したが、アメリカは署名しなかった）では、イラク軍は自国の領土で戦闘機を飛ばすことが禁じられていた。停戦条件を無視して、米軍機はクルド人ゲリラへの攻撃を阻止するために、イラク軍機を2度にわたって攻撃し、撃墜した。ブッシュ政権はクルド人の利益のために行動していると主張したが、本当のターゲットはモスルの砂の下にある石油だった。湾岸戦争の真の目的は、イラクの膨大な石油資源の支配権を獲得することであり、ブッシュ政権は、他の口実はあるにせよ、「石油のために戦っている」という帝国主義の旗印のもとに行動していたのである。それ以外はすべて、純粋なイマニュエル・カント哲学とみなすことができる。

クルド人は、イラクのヘリコプター・ガンシップから攻撃の矢面に立たされた。しばらくは持ちこたえた。イラク・イラン戦争でそのような事態を経験したクルド人は、折れて逃げてしまった。盲目のパニックに陥り、イランとトルコの国境に逃げ込んだ。オヅル首相が一番恐れていたことが現実になった。少数の難民の入国を許可した後、トルコは不要となったクルド人に対して国境を閉ざした。そこでオヅルは、その大半を受け入れることを西ヨーロッパに提案したが、拒否された。クルド人は、イラン・イラク戦争の戦火に巻き込まれ、一種の無人の地に取り残された。約50人のクルド人が化学兵器、つまりイラクは持っていないがイランが確実に持っている濃厚なソマン神経ガスによって殺された。

クルド人犠牲者は全員、特定の神経ガスで死亡していることから、イラン軍に責任がある可能性が高い。ブッシュが組織したエイプリル・グラスピーによる対イラク潜入作戦が始まって以来、化学兵器によって殺されたクルド人の数は50人から5万人へと増加した。

イギリスがクルド人を利用して自分たちの日的を達成したように、ブッシュ政権もクルド人を利用してイラクへの憎悪を煽り、中東全体を不安定な国々の泥沼にしようと考えているのだ。この中で、"We are fighting for oil "という帝国主義の旗印のもとに前進するブッシュの目標を見失ってしまいがちである。これはメキシコの再来だ。

この報告書は1991年に書かれ、出版されたが、その正しさが証明された。しかし、ブッシュ一族は、G・W・ブッシュの承認を得たブレアがアラブ世界にぶら下げている「公正なパレスチナ国家」と同じ「約束」で、再び世界をイラク戦争に突入させようとしているのである。1991年にイラクに対する大量虐殺を盲目的に支持したアメリカ人は、その盲目的な信頼が全く見当違いであったことを発見している。湾岸戦争は、終わりの見えないドラマの始まりに過ぎないことを、彼らは知っているのだ。ブッシュ大統領は、対イラク戦争の種をまくことで、将来、この地域で30年戦争になる可能性のある種もまいてしまったのだ。

ブッシュ大統領とその協力者の目的ははっきりしていた。疫病や病気、飢饉をもたらす経済的な締め付けによって、イラクの国を破壊することである。しかし、それがうまくいかなかったので、イラクに対する大量虐殺は、アメリカの侵略という形をとった。今、私たちが目の当たりにしているのは、ほんの一時期であり、これから起こることの前触れなのです。

イラクは第二のベトナムになる。石油のために戦っている」という旗印のもと、何百万人もの人々がブッシュ政権の手によって死ぬ運命にあるのだ。ヨルダン、シリア、レバノン、リビアは、「石油のために戦う」という正当な理由のために戦ったイラクの国家の破壊の後を追うことになるのです。シリアは真っ先に倒れるだろう。米国の友人は、米国の同盟国になることが、主権を失う最も早い方法であることに気づくだろう。エジプトはまだこの教訓を学んでいないが、それはすぐにでもやってくるだろう。

ブッシュは必死に否定したが、サウジアラビアに米軍を常駐させることは、確かに目標である。このような取り決めは、すでに過去5年間実施されています。米国はサウジアラビアに15万人の部隊を常駐させる。彼らの役割は何なのか？まっすぐな道から外れたイスラムの国を攻撃すること。つまり、アメリカは中東の新しい「外人部隊」になり、中東の石油をすべて支配することを目標とする帝国主義になるのである。アルジェリアとリビアの2つの産油国は、すでに米英の帝国主義に乗っ取られている。2003年、米軍による2度目のイラク侵攻が行われた。イランは事実上、四面楚歌の状態です。ひとつだけ確かなことは、「より優しく、より穏やかな」ジョージ・ブッシュは、中東のすべての石油をアメリカ帝国の支配下に置くまで満足しないであろうということだ。クルド人の窮状は、サダム・フセイン大統領に責任があるとされてきた。ディエム兄弟、ソモサ将軍、フェルディナンド・

マルコス、トリホス、ノリエガ、イランの国王の運命を考えると、ブッシュ政権が二度目のイラク侵攻をしないのは絶対におかしい。報道では、エイプリル・グラスピー氏が有能な検察官から真に反対尋問を受けることがあれば、その任に堪えないと説明し、すでに前駐イラク米国大使の信用を失墜させていた。さて、おとり捜査の確認は、別の情報源からもたらされた。商務省の高官デニス・クロスケは、1991年4月8日の下院小委員会で、クウェート侵攻まではブッシュ政権がイラクに「ハイテク」を提供するために身を粉にしていたと証言している。

クロスケは、国務省が自分の警告やイラクへの米国技術の流入を止めるような勧告を無視したと非難した。商務省も国務省も聞く耳を持たなかったと、クロスケは下院外交委員会で語った。そのため、クロスケは「より優しく、より穏やかな」ジョージ・ブッシュに解雇された。イラクの場合、「真実は明らかにされない」し、表面化することはないだろう。この真実は何なのか。私たちは、イラクの石油を所有するために帝国主義戦争を戦っているのです。

だからこそ、ブッシュ親子はイラクへの侵略のペースを維持したのである。イラクに石油がなければ、イラクとの関係も甘くなる。帝国主義のアメリカは、イラクやイランと喧嘩することはないだろう。1991年以来、何千回も行ってきたように、国際法や米国憲法に違反することはないだろう。ブッシュ一族は、石油を求めるあまり、憲法を乱用する暴挙に出ている。

ヘンリー・ゴンザレス下院議員の弾劾を逃れて退任したブッシュは、息子のジョージに自分の跡を継がせ、家訓というべき「石油のために戦う」ことを追求するよう鼓舞した。アメリカの最高裁判所は、手品のように、アル・ゴアを選挙から追い出してG.W.ブッシュを当選させた。選挙は州の選挙であり、連邦の管轄ではないので、これは驚くべき合衆国憲法違反であったが、憲法上の危機を引き起こすことはなかった。就任早々、ブッシュは反フセインを掲げ、それが憎悪の太鼓になるまで、石油をめぐる戦いが始まったのだブッシュJr.は父親よりも広い支持を得たが、それは全く投票しなかったか反対票を投じた1億6000万人以上のアメリカ国民からではなく、巧妙に偽装されたいわゆる「保守」人物からであり、その偽りの誠意でアメリカの世論を永久に欺くことができたのである。この驚くべきプロパガンダのクーデターのリーダーは、あるアーヴィング・クリストルであった。この男は、アメリカ国民を常に欺くメディアの巨人、リチャード・マードックの最高代表として、新たなイラク攻撃の旗手となったのである。

マードック、クリストール、ペール、ウォルフォウィッツは、ブッシュ／チェイニー石油連盟の支持を得るためのチャンネルをどう動かすか知っていた。新保守主義者」と名乗るのは名人芸だった。アメリカ人はラベルが大好きです。マードックは、*『ウィークリー・スタンダード』*という新聞社に資金を出した。この出版物は、ロスチャイルド-
ロックフェラーの石油利権の隠れ蓑であり、その中にはイラクの石油を手に入れたいという欲望が遍在しているのである。石油の渇きほど、血の気の多いものはない。クリストルは今、「保守派」を装いながら、アメリカ帝国主義に加担している。

4人の億万長者」は、帝国の大統領制を推進するため、すぐにギアを上げた。アメリカは、共和国から皇帝を中心とする帝国に移行しようとしていたのだ。9.11の「ビッグバン」によって実現したこの移行は、驚くほど急速だった。一夜にして、憲法は踏みにじられ、重要でない場所に追いやられたのだ。合衆国憲法を崩壊させた最も責任のある「4人組」は、ウィリアム・バックリーがメンバーであったトロツキー派の仲間から出たものである。

CIAに監視されながら、生涯共産主義者であったクリストル先輩は保守層に浸透し始め、1950年代半ばには、「保守派」ウィリアム・バックリーの指導のもと、ほとんどすべての保守系機関を掌握するまでになった。トロツキー派は無血クーデターの準備を整え、リチャード・パールとポール・ウォルフォウィッツがブッシュの側近として重要な地位を得たことで大ブレイクを果たした。世界の石油をめぐる争奪戦の舞台は、いよいよ大攻勢に移った。ウィリアム・クリストルの「保守」的な背景を掘り下げてみると、次のようなことが分かった。キッシンジャー元国務長官は、クリストルや彼の出版社「*ナショナル・アフェアーズ*」「*ザ・ナショナル・インタレスト*」とも関係があった。その後、『*The Public Interest*』という3冊目の出版物があった。これらの「ジャーナル」の資金はどこから出ているのだろうか？これはリンデ&ハリー・ブラッドレー財団から提供されたもので、この裕福な財団はクリストルのアメリカン・エンタープライズ研究所（これも「保守的」な組織）にも資金を提供していたようである。

クリストルとともにゲームに参加した他の「保守派」は、ウィリアム・ベネット、ジャック・ケンプ、ヴィン・ウェーバーで、いずれも名目上は「保守」共和党員だが、偉大なダニエル・ウェブスターやヘンリー・クレイといった人物は、その主張をほとんどしていないことは確かである。残念ながら、今の政治家には、クレイやウェブスターのような人物はいない。クリストルたちは、自分たちの任務はイラクの破壊だと考えていた。そして、そのことをアメリカ国民に明らかにするために、最も狂信的な「テレビ伝道者」と呼ばれる人々をその目的に参加させたのである。その中の一人が最近テレビで、「ドイツ、フランス、ロシアには反キリストが生きている」と主張した。このような指導者がいるのだから、多くのアメリカのクリスチャンが完全に混乱しているのも無理はない。

9.11の出現で、クリストル、ペール、ウォルフォウィッツ、チェイニー、ラムズフェルドの時代が来たのである。彼らは今、自分たちの計画を実行に移すために必要な「ビッグバン」、「パールハーバー」という大義名分を手に入れた。9.11の完全な真実はわからないかもしれないが、ひとつだけ確かなことは、管制官がインターネットへの一般公開を許可した日を後悔しているということだ。統制されたメディア以外の報道機関がない中で、真珠湾攻撃は30年近くも秘密にされたままだったが、9・11についてはすでに真剣な議論が行われており、「何が起こるか予見できなかった」という政府の主張には多くの疑問が投げかけられている。この主張には、現在、公然かつ重大な疑義が存在している。*ワシントンポスト紙の*コラムニスト、デービッド・ブローダーは3月17日、「9・11がブッシュのすべてを変えた」という見出しの記事を掲載した。この見出しは、ブッシュを、静かな小人から、権威主義的なまでに突然の自信に満ちた人物にしたのだから、非常に深いものがある。一言で言えば、9.11はジョージ・ブッシュを「変身」させたのである。以下は、Broderが書いた文章の一部である。

> そのイラク決戦の瞬間までの道のりは長かったが、行き着く先の必然性は明らかであった。ブッシュ政権の内部関係者のメモや日記に歴史家がアクセスできるようになれば、ブッシュ大統領が9月11日のテロ事件の直後から、いやそれ以前からサダム・フセインの権力の排除に照準を合わせていたことが明らかになるだろう。大統領が公言したこと、チェイニー副大統領が日曜日のテレビインタビューで繰り返したこと、そのすべてが、世界貿易センターとペンタゴンへの攻撃は、同様の攻撃あるいはそれ以上の攻撃にもっともらしく協力しうる指導者の武装解除というブッシュの決意を正当化するためのものだったことを裏付けています。

> そして、彼にとって武装解除とは、潜在的な攻撃者を権力から排除することであることは明らかである。昨年春、大統領は、冷戦時代の封じ込め政策に代わって、先制攻撃という新しいドクトリンを発表し、新安全保障チームはすぐにそれを増幅させた。

ブッシュのウェストポイントでの演説とそれに続く白書は、米国の安全を脅かす大量破壊兵器を集めている国や勢力に対して、米国とその同盟国は力強く行動し、攻撃が行われるのを受身で待つことはしないと宣言している。イラクが新しいドクトリンのテストに選ばれたことは、すぐに明らかになった。

私たちは、「なぜ？仮にイラクに石油がなかったとしたら、「武装解除」はそれほど重要だったのだろうか。北朝鮮に対するケースは、もっと強かった。

北朝鮮は核兵器の保有を公然と認めている。しかし、いまだにアメリカやイギリスが手を出さないのは、論理的に考えて、石油がないからだでは、イラクはどうなっているのか。イラクの「武装解除」のためか、それとも豊かな油田の奪取のためか？あえて言えば、世界の9割の人が、英米がイラクを潰そうとした本当の理由は後者であると選ぶのではないだろうか。

その後、大統領は国連の優れた決定を利用して、ほとんどの議員を説得し、米国の政策として先制攻撃の原則を支持させ、それをイラクに適用させることに成功した。そして、議会の支持を得て、国連安全保障理事会を説得し、全会一致でサダム・フセインに「武装解除か、武装解除か」という最後通牒を出させることができた。

何が悪いんだ？

何が問題かというと、このシステム全体が100％違憲であるにもかかわらず、ブッシュがそれを逃れることができたのは、アメリカ国民が、下院と上院の代表者はおろか、自分たちの憲法も知らないからだ。

これほどまでに憲法に無知なアメリカ議会はなかった。したがって、ブッシュは正式な宣言なしにブラフで戦争に突入することができた。これは弾劾されるべき犯罪である。しかし、イラクに対する先制攻撃の可能性が高まったことで、アメリカと世界の多くの国々との関係が悪化し、ドイツ、フランス、中国といった主要な貿易相手国との間に亀裂が生じたことは確かである。事実、ブッシュは最初の一発が撃たれる前に多くの陶磁器を壊したのだ。近隣のカナダ、メキシコ、中東などへの二次的な影響については、評価・判断することは不可能です。

つまり、正当な理由もなくイラクを攻撃しようとしていたのです。

米国憲法は、ある国が米国に対して検証可能な交戦行為を行わない限り、米国はその国に対して戦争することができないと定めている。ペールやウォルフォウィッツでさえ、イラクが米国に対して好戦的な行為を行ったと主張することはできなかった。先制攻撃」の憲法上の理由はない。憲法を最高法規とする国家の政策にふさわしくない、違法・違憲な行為である。

第4章

イギリス帝国主義とアメリカの武力外交

建国の父とそれに続く世代が残した遺産から、なぜアメリカは、脅威と思われるいかなる国も攻撃できるという現在の違憲の信念に至ったのだろうか。アメリカは石油を求める帝国主義国家に変身してしまったのだ。英米人が各国の外交に口出ししている。この闘いは、商業・軍事問題と絡んでくるので、「石油外交」と呼んでもよいだろう。これらは、秘密にしておくことが望ましい場合もあるため、常に明らかにするわけではありません。現代の経済学は、権力に関わるものです。石油を支配する国が世界を制するのです。これは、アメリカ政府が採用した帝国主義政策である。

アメリカ建国の父たちが残した叡智の遺産を政治的に切り離すことは、米西戦争によって侵された。アメリカの国際化を目指す人々が言う「孤立」は、「もはや不可能だ」とマッキンリーは言い、ウッドロウ・ウィルソンも同じことを言った。

> 好むと好まざるとにかかわらず、私たちは世界の営みに参加しているのです。すべての国の利益は、私たちの利益でもあるのです。私たちは、他者とのパートナーです。ヨーロッパ、アジアの国々に影響を与えるのは、私たちの仕事でもあるのです。

国際社会主義の採用は、建国の父たちのアメリカの終わりの始まりであった。それは「自由貿易」につながり、ウィルソンはアメリカを大国にした貿易障壁を取り除いたのである。ウィルソンは、米国は外国の陰謀に関与したり、巻き込まれたりしてはならないというジョージ・ワシントンの警告を完全に無視したのである。しかし、石油のために帝国戦争をすれば、それは不可能になる。ワシントンの帝国主義的な要求に逆らって生きていける国はない、イラクは今それを知っている。世界の人々は、ブッシュ父子のもとでアメリカがどうなったかを広く軽蔑している。石油に貪欲にしがみつくことで、イスラム圏全体を疎外した。

1928年1月、プランケット少将はこう発言した。

> 商業的、工業的効率に対する罰は、必然的に戦争である。私が歴史を正しく読むならば、この国はかつてないほど戦争に近づいている。なぜなら、その商業的立場は、今や他の大きな貿易国との競争を強いるからである。適宜、「油」という言葉に置き換えてみると、イメージが湧いてくる。

フランスのクレマンソー首相が言ったように。

> 明日の戦いのために、石油は血と同じように必要なものなのです。

フランスの外交官でクレマンソーの代理人だったアンリ・ベランジェは、引用に値する覚書を書いている。

> 石油を持つ者は世界を支配する。重油で海を、超精製油で空を、ガソリンと光油で地を支配するのだ。さらに、経済的な意味でも仲間を支配することになる。それは、石油という金よりも価値のある素晴らしい物質から得られる富のためである。

マッキンリー大統領はこう言った。

> 孤立はもはや不可能であり、望ましいことではありま

せん。

ウィルソン社長の言葉です。

私たちは、好むと好まざるとにかかわらず、世の中の営みに参加しているのです。

当時、アメリカは世界の石油埋蔵量の12%以下しか持っていなかったことを思えば、彼らは真の帝国主義者のように語っているのである。そのうちの約70%は、大国が経済的・政治的地盤を侵食することを招いた国であった。ウィルソンの時代には、中東、カリブ海やメキシコ湾の海域、そしてロシアにも適用されていたのである。石油を大量に保有する国は、国民や政府に土中権を与える法律を制定し、制限的な障壁や規制、高いロイヤリティを採用することで、その資産を防衛してきた。大帝国であるイギリスとアメリカは、この自衛を「反抗」と呼び、この壁を打ち砕くために外交的圧力をかけてきた。そして、それが失敗すると、武力介入に逆戻りする。

このことを心に留めておき、次にブッシュとチェイニーが「サダムを武装解除する」ことがいかに必要であったかを喧伝するのを聞いたときには、この言葉について考えてみよう。そうすれば、我々がイラクにいるのはその石油のためだということが理解できるようになるはずである。9.11は真珠湾攻撃のように仕組まれた事態であり、「大量破壊兵器」は石油の流れに引きずられた赤信号に過ぎないのです。

第一次世界大戦の惨劇の後、カーゾン卿は、真実を語った。

連合国は石油の波に乗って勝利に浮かんだ。

ブッシュが挙げた他のすべての理由は、問題を見れば見るほど妥当ではなくなります。先ほど申し上げたように、世界の石油の約7割は、経済的にも国力的にも弱い国にあるのです。その弱さゆえに、米国と英国に国政への干渉を招いているのである。イラクの例は今目の前にある。ベネズエラは、アメリカが代理人を立てて行う猛攻撃を生き延びたばかりだ。まともな石油埋蔵量を持つ国は、今や米英の帝国主義に脅かされ、一つずつ没落していくだろう。

アメリカやイギリスの石油王の強欲な支配から国民を守り、財産を守ろうとするこれらの国々の自己防衛は、「強硬さ」や「執念深さ」と表現され、まず「外交圧力」で、次に「武力」で対応されるのです。ブッシュ一族はこの怪しげな道を歩み、その政策がカリフォルニア州の半分の大きさの国であるイラクへの残忍な攻撃で頂点に達するのを私たちは見てきた。

英米はすでに世界の石油埋蔵量のほとんどを掌握している。外交で勝ち取れないものは、善良なキリスト教国であるという建前や見栄を捨て、爆撃機、巡航ミサイル、ロケットの大波で勝ち取るだろう。今、世界で起こっている闘いは、石油をほとんど持たない国々と、世界の「唯一の超大国」、もっと言えば「帝国主義」であるアメリカとの戦いである。ロシアは石油の世界での地位を維持するために戦い、イギリスとアメリカはその打倒を目指している。このように、石油をめぐる争いは、アメリカとロシアの大激戦になるのだが、その日はそう遠くないのである。近い将来、アメリカの息子や娘たちは、全面的な世界大戦で石油のために戦うことを要求されるでしょう。

米国国務省は、一般的に大手の石油会社の要求に迎合している。これを支えているのは、1923年にニュージャージー州のスタンダードオイル社の社長であったA.C.ベッドフォードが述べた、アメリカ側の積極的な石油政策である。このような固定的な方針があるため、海外のアメリカ領事は、外交問題に関しては常に石油路線に従うことになる。1923年、連邦取引委員会は、このアメリカ政府の公式方針を支持した。1919年8月16日、すべてのアメリカ大使館と外交団は次のようなメモを受け取った。

> *諸君：米国の現在および将来の需要に見合った鉱物油の適切な供給を確保することの重要性は、国務省（Department of State）の強い関心事となっている。米国市民によるものであれ、それ以外の者によるものであれ、これらの活動に関する最も完全かつ最新の情報を入手することが望ましい。*

チャールズ・エヴァンス・ヒューズが、アメリカ議会とクーリッジ石油委員会で証言。

> "...オープンドア」という言葉で表現され、国務省が一貫して追求してきた政権の外交政策は、海外でのわが国の利益を知的に促進し、国民のニーズを適切に保護してきた。"

中東の石油をめぐる争いは、オーストラリア人のウィリアム・K・ダーシーとアメリカ人のコルビー・ミッチェル・チェスター提督（1844〜1932）の登場によって本格的に始まった。ダーシーとアメリカ人のコルビー・ミッチェル・チェスター提督（1844〜1932年）。1901年、ダーシーはペルシャ国王からペルシャ帝国の6分の5をカバーする60年間の租界を獲得した。D'Arcyは現金で2万ドルを支払い、生産されるすべての石油の16%のロイヤリティを支払うことに同意した。チェスター提督は何も得られず、ダーシーはロンドンに戻り、アングロ・ペルシャ社を組織することになった。彼は中東に戻り、ペルシャのモスル油田を買収しようとした。1912年、モスル開発のため、英蘭シェル石油とベルリンのドイツ銀行からなるトルコ石油会社が設立された。

ロイヤル・ダッチ・シェル社のヘンリ・デテルディング卿（石油業界のナポレオンと呼ばれた）は、石油保有国をめぐる陰謀の中心人物であった。イギリス政府は、シビルロードのE.G.プリティマンを中心に活動し、ダーシーがフランスに売ると脅したトルコ石油会社に対して、イギリス資本が確実に一線を画すように仕向けた。1913年、データーディングは貴族院で、ルーマニア、ロシア、カリフォルニア、トリニダッド、メキシコの石油を支配していると語った。ペルシャは、巨大な面積を持ち、石油を産出する手つかずの地域である。

ブラウニング卿は、ロイヤル・ダッチ・シェルがアメリカのスタンダード・オイル・トラスト社よりも石油に対してはるかに積極的であることを貴族たちに語った。データーリングは、エネルギー源を生産する世界最強の組織を一手に握っていたのである。石油をめぐる戦いに参入したのは、ボーア戦争での経験を生かし、当時提督第一卿だったウィンストン・チャーチルである。チャーチルは貴族院で、「われわれは、われわれが必要とする天然石油の少なくとも一部の所有者、あるいは少なくとも供給元の管理者となるべきだ」と述べた。

第5章

新ドクトリン：プレッシャーのかかるメキシコ

アメリカの帝国主義政策は、ブッシュの言葉を借りれば「先制攻撃」の段階に入ったのである。イギリス政府は、現在のイラク北部にあるモスルの石油を手に入れることに躍起になっていたのだ。英国は、トルコ石油会社の株式の4分の1を買い、ドイツ人とトルコ人が残りの株式を保有している。

欺瞞外交」によって、3ヵ月後にはイギリスが株式の4分の3を支配し、トルコ人は自分たちの会社から完全に追い出された。モスル上空の油田地帯を所有するクルド人は、一銭も受け取っていない。モスル周辺の土地を支配していたトルコも、冷遇された。

それは、ほんの始まりに過ぎない。その後、英国政府がアングロ・ペルシャンの株式の過半数を1,200万ドルで買い取り、48年間存続させることになった。石油が戦争に勝つだけでなく、石油があるから戦争が起こるということが、すぐに明らかになった。

第一次世界大戦の歴史を見れば、クレマンソーが後に認めているように、このことは明らかである。戦争は第一次世界大戦だけでは終わらない。逆に、イギリスとアメリカは、ペルシャ（イラク）とトルコに対して積極的な帝国主義政策をとり、民族主義的な要素を弱体化させようとしたのである。1920年5月、国務省は、英国がモスル油田の全量を奪取する準備を静かに進めていることを示すメモを発行した。アメリカでは、ハーディング大統領が演説で石油政策を宣言し、話題となった。

> 石油産業は、農業と運輸に次いで、私たちの文明と幸福を補完する最も重要な産業となった」。"

メキシコ湾に大量の石油が埋蔵されていることが発表され、ウィルソン政権はメキシコの石油の支配権をめぐる争いに巻き込まれることになった。メキシコ人が搾取に抵抗する気配を見せると、アメリカの軍艦がタンピコに派遣された。ウィルソンの言葉

> "...米国の唯一の目的は、メキシコの民主主義を維持することである。"

アメリカは他の分野でも忙しく、モスル油田を名誉ある賞品として、トルコ石油会社の株式取得をイギリスと交渉している。トルコは自社から完全に搾り取られている。しかし、アメリカの本命は、エドワード・ドヘニーが友人のディアス大統領を通じてハシエンダ・デル・トゥリージョに確保した、メキシコの畑であった。ドヘニーはすぐに、ポトレロ・デル・ラノやセロ・アスルなど、他のフィールドも手に入れた。しかし、ディアスはドヘニーを追い抜き、ウィートマン（ロード・コウドリー）がメキシコの石油業界に参入することを許した。

石油をめぐる争いは、アメリカが35年間政権を担ってきたディアス大統領の打倒に踏み切ったことで、「同盟国」間の不穏な動きにつながっていく。

このような場合の常として、アメリカの情報操作とアメリカの経済的な「ヒットマン」がディアスの陣営をかき乱すために送り込まれたのである。アメリカはディアス大統領の失脚を直接的に誘発していたことが、後のアメリカ外交委員会での証言で明らかになった。

アメリカ人参謀のローレンス・コンバースはこう証言している。

> マデロ氏自身は、反乱軍が十分に力を発揮すればすぐに、エルパソの大銀行数社が彼に10万ドルを融資する用意があると言っていた。この人物（ゴンザレス知事とエルナンデス国務長官）は、標準石油会社の関係者も彼らを支援して、メキシコ臨時政府から債券を購入したと言っていた。彼らは、スタンダード・オイルの利害関係者が、彼らの革命を支援していると言っていた。

スタンダード・オイル社は高い金利を受け取ることになり、メキシコ南部諸州の石油利権についても仮契約が結ばれていた。マデロは退位して処刑され、ウエルタ将軍が権力を握った。ウィルソン大統領は、政権を握った時、「アメリカは、個人的な利益や野心のために政府の権力を握ろうとする人々に同情することはできない」と、公然とウエルタに反対したのだ。同時に、ウィルソンはペルーの革命政府を承認した。

アルバート・フォールという石油関係者は、アメリカの利益を「保護」し、「この不幸な国の秩序を回復し平和を維持し、行政機能を有能で愛国心のあるメキシコ市民の手に渡すために支援する」ために、アメリカがメキシコに軍隊を派遣することを要求し始めたのです。ウィルソンは政権を取った時、議会にこのように言った。

> メキシコの現状は、メキシコの国際的義務の履行、メキシコ自体の文明的発展、および中央アメリカの許容できる政治的・経済的条件の維持と相容れないものである。

ウィルソンは、アメリカ人がメキシコで「脅かされている」という理由で、武力介入の準備を始めていた。これは、後にジョージ・ブッシュがフセイン大統領に対して延々と訴え続けるような言葉であり、ウィルソンと同様、不誠実な響きをもっていた。

アメリカ国民は、これは国家的、歴史的な悲劇だと簡単に誤解し、メキシコが自分たちにとって「脅威」であると確信し、ウィルソンがメキシコのアメリカ領事に手紙を送り、警告するように指示する道を開いたのである。

> "アメリカ人に対する脅迫や虐待があれば""介入の問題が浮上すると当局が判断した"

メキシコの内政に干渉する口実を探していた帝国アメリカの大統領の明確な事例がここにある。この行動は、帝国ブッシュ家、父と息子がイラクの石油を押収する口実を探し、イラクが「大量破壊兵器」を持っているという薄っぺらな口実を見つけたことによって繰り返された。メキシコで市民が虐待されているとアメリカ国民をだまし、「恐ろしい独裁者が権力を握っており、排除する必要がある」（ここで「サダム・フセイン」のリフレインが聞こえるだろうか）という知識を得たウィルソンは、さらに大胆に行動するようになった。

> 私は、フエルタのメキシコ政府からの解任を要求することが私の当面の義務であり、米国政府は今、この結果を達成するために必要な手段を用いなければならないと確信している。

サダムは退陣しなければならない、さもなくば米軍が退陣する」と、まるで大統領に山賊や盗賊のように振る舞う権利があるかのように、ウィルソン以上に投げつけられ続けた言葉の響きがある。ウィルソンもブッシュも、それぞれメキシコとイラクの主権国家に対して残忍な侵略を行ったが、それはアメリカ国民が自分たちの憲法を知らないからである。この驚くべきパワーが突然どこから来たのかを証明するために、合衆国憲法の証拠を提示するようブッシュ政権に法廷で異議を唱える者はいなかったのだろうか。

この驚くべきパワーは、通常、皇帝がその帝国を支配するために持っているものだが、どこから来るのだろうか？それは、アメリカの憲法や国際法から来たものではないことは確かだ。帝国主義の庇護の下にあり、その旗の下でこの太鼓に行進することによって、アメリカは主権国家の主権的問題に干渉することが合法となったのである。

アメリカ国民が憲法を知るまでは、暴君は（メキシコやイラクのように）主権国家の問題に干渉して逃げることができる。憲法に関する知識が無知に取って代わるまでは、アメリカの外交政策が世界に大混乱を引き起こすのを見続けることになるだろう。アメリカ国民が憲法を知らないから、もはや憲法はない。アメリカ国民は、ウィルソンがメキシコで新たな帝国主義行為を行うことを許し、ブッシュ政権がフセイン暗殺の計画を実行できずにイラクを荒らすことを許したのである。

1912年11月、ウィルソンは次のような驚くべき命令を下した。彼の軍司令官たちは憲法を心得ていたはずであり、したがって彼の命令が違憲であること、そしてその命令に従わないはずであることを知っていたからである。

> 彼（ウエルタ）を外国の同情と援助と国家の信用から、道徳的であれ物質的であれ切り離し、強制的に追い出すのだ。もしウエルタ将軍が武力によって撤退しないならば、より平和的でない手段で彼を排除することが米国の義務になるであろう。

ウィルソンはさらに勢いを増し、帝国的専制政治の道を進み、主権国家メキシコに干渉し、その指導者と国民を脅した。さらに悪いことに、もし彼が退陣しなければ、選出された指導者を追い出すことがアメリカの「義務」であると宣言した。皇帝の威厳を誇ったカエサルでさえ、このような言い方はしなかった。

その大胆さは、何年経っても驚きをもって受け止められる。そして、ウィルソンの脅しに対して、アメリカ国民はどのような反応を示したのか。まさに何もない!実際、アメリカ国民は、その沈黙によって、ウィルソンが正しいことを行い、憲法を違反することを奨励した。突然、帝国主義の旗印のもとに、アメリカはメキシコを平和にする権利を手に入れたのである。フエルタの辞任を認めるというイギリスの提案に対して、ブライアン長官はまたもや驚くべき文書を書き送った。

> 大統領は、反乱軍指導者にアメリカの援助を与えることで、ウエルタを排除しようと考えている。平和、財産の安全、対外債務の迅速な支払いの見通しは、現在メキシコで戦っている勢力に任せた方が有望である。したがって、彼(ウィルソン)は、ほとんど即座に、米国からの武器・弾薬の輸出禁止を解除するつもりである。

これは、平和的で公正な選挙でウエルタが再選された直後の出来事であった。数十年後、アメリカ国民は再び傍観し、政府がイラクとアフガニスタンで帝国的政治的大混乱を引き起こすのを許した。その間、すべて米国憲法の下で合法だったと主張した。現実には、ブッシュ父子は弾劾され、罷免され、反逆罪で裁かれるべきだったのだ。なぜなら、アメリカ国民は、石油業界のリーダーたちが抗議の声も上げずに、憲法を足元から踏みにじることに同意してしまったからである。

召集されてもいない、いわゆる「最高司令官」が、議会が宣戦布告していないために戦う権利のない戦争にこの国を導き、大統領の座にとどまり、人命と数十億ドルの国庫の犯罪的浪費を引き起こすことを許せば、国が問題になるのは当然である。私たちは、憲法をひどく無視したために、何をされても当然です。

アメリカがメキシコに干渉してくるということで、チリ、アルゼンチン、ブラジルは大いに警戒し、調停を申し出てメキシコを助けるために介入することを決定した。この3カ国が調停を申し出て動くと、ウィルソンはナイアガラの滝で開かれたアルゼンチン・ブラジル・チリの会議を阻止しようとした。1991年と2002年のブッシュ家のように、ウィルソンは平和を望んでいなかった。石油帝国主義の旗の下に前進する人々の邪魔をするために、暴力でウエルタを追放しようとしたのである。ウィルソンは、平和的解決のための努力を妨害しながらメキシコに直接介入することで、その本性を現し、合衆国憲法を蔑ろにしたのである。

ウィルソンは、財テクと政府軍への武器・弾薬の封鎖によって、ウエルタ政権を孤立させた。同時に、反乱軍のリーダーであるカランサとビージャに武器と資金を供給した。彼は、タンピコでの旗印事件をベラ・クルス占領の口実にでっち上げた。フエルタ将軍が国旗事件について謝罪した時、ウィルソンは偽りのプリンストン紳士であり、根っからの裏切り者のように、それを受け入れることを拒否している。

この嘆かわしい行為には、ブッシュ一族がサダム・フセインに対して行ったのと同様の行為や行動が見受けられるのだ。フエルタ将軍もフセイン大統領も、石油業者がゴキブリのように暗躍し、メキシコでの納税を拒否し、ことあるごとにカランサに手を貸している姿が目に浮かぶようだ。アメリカ国民は、ウィルソンが帝国大統領であることを知る由もなく、その代償として、ディック法に違反して、ウィッカーシャム司法長官から、国軍をアメリカ国外の戦場に送る憲法上の権限がないことを繰り返し聞かされても、国軍の息子たちをフランスの戦場に送って死なせたのである。アメリカ国民が自分たちをあまりに無防備にさせたために、彼らの息子たちは再び憲法違反のアメリカ国外の戦場にいる。そして再びアメリカ国民は、違反者であるブッシュ一族が憲法を踏みにじり、他国の国有財産である石油を帝国的に追求するために、その暴力の結果を免れるのを許しているのである。

1919年、上院外交委員会でドヘニーは、米国のすべての石油会社がウエルタの排除に関わったと自慢した。後にすべての石油会社幹部がイランの国王の弱体化と権力の排除に関わることになるのと同じである。石油をめぐる争いは続き、アメリカ帝国軍は石油会社の旗の下で、彼らの軍歌を歌いながら行進した。

> "キリスト教の兵士は前進する 戦争のように行進する"
> "石油産業の旗を掲げて" "前進する"

スタンダード・オイル社のオフィスでは、ウエルタの失脚を祝ってシャンパンを傾ける夜が続いた。しかし、石油会社の幹部は誤算を犯してしまった。カランサは、革命を人民のものとしてやり過ごそうとし、アメリカの石油会社に与えていた石油利権を破棄した。オブレゴン将軍が政権を握った時、国務省とヒューズ国務長官が全面的に支援したアメリカの石油ロビーの策略により、メキシコ全土が混乱に陥った。

ヒューズは、タンピコに米軍と2隻の軍艦を送ったウィルソンの行動は「道徳的に正当」であると主張した。これは、米国憲法にはない空虚な言葉であり、隣国の内政に干渉する米国帝国主義を深く憂慮する世界に印象づけるためのものだった。1924年、共和党全国委員会に提出した声明の中で、ヒューズは「道徳的」な調子を保ちました。

> ウエルタの反乱は、抑圧された民衆の願望を込めた革命ではなかったのだ。それは、大統領の座を奪おうとするものであり、すべての憲法と秩序ある手続きを破壊することを意味していた。既成の政府を助けることを拒否すれば、メキシコの平和と秩序に挑戦する人々の側に、私たちの道徳的影響力を投げ出すことになるのだから...」。

その後、1991年と2006年に、ブッシュ父子から、イラクへの攻撃は「道徳的」であったと同じことを言われることになった。

ヒューズとウィルソンは、道徳のために戦ったのではなく、石油帝国主義の旗の下に行進したのである。アメリカの石油業者はクーリッジ政権時代を通じてメキシコへの干渉を続け、*ニューヨーク・ワールド紙の*特派員はメキシコからその状況をまとめた記事を書いている。

> 例えば、最近、米国の高官の個人的な付き合いは、彼らが公認されている政府ではなく、メキシコ人のそのクラスであり、その中には、裕福で、文化的で、時には魅力的で、反乱を資金調達し誘発する人々がいたことは、帝国の事実である。また、石油会社の弁護士や代表者の多くが、国際法上の権利を主張するだけでなく、メキシコ政府を貶めるために、公然と、執拗に、持てる力のすべてを駆使していたことは、よく知られていることである。

この悪名高い行動は、ベネズエラ、イラク、イランにまで及び、アメリカのエージェント、石油業者、そしてその同盟者であるCIAによって、これらの国々の政府を倒し、石油帝国主義の旗の下で活動する人々に有利な傀儡政権に置き換えるためにあらゆる努力が払われてきたのだ。この好戦的な行動は90年以上も続き、今日に至っては、ベネズエラの選挙で選ばれた指導者を打倒することにほぼ成功し、イランの国王を倒し、現在はイラクでモスルなど念願のイラク油田を支配しようと全面戦争を行っている加害者を見ているようである。メキシコシティの新聞「*エル・ユニバーサル」は*、ワシントンで野放図な権力を持ち、裏で動く人々の帝国主義的傾向をよく暴露している。

> アメリカ帝国主義は、経済進化の宿命的な産物である。北の隣人が帝国主義者にならないように説得しても

> 無駄だ。彼らは、どんなに善意であっても、帝国主義者にならざるを得ない。

私たちは、経済帝国主義の自然法則を研究し、盲目的に反対するのではなく、その行動を緩和し、私たちに有利になるような方法を見出そうではありませんか。

第6章

イラク侵攻の引き金は大量破壊兵器ではなく石油

ブッシュ一族とその支持者であるリチャード・チェイニー、クリストール、ペール、ウォルフォウィッツ、そしてキリスト教原理主義者たちによって白紙委任され、今や米国中に致命的な帝国主義が横行していることは、もはや否定しようがないのである。この忍び寄るブッシュ帝国主義は、イラクを水没させただけでは終わらず、ブッシュ帝国主義者が合衆国憲法に完全に反抗して、中東のすべての石油産出国を水没させ、アラブ人から天然資源遺産を奪うまで続くだろう。

そして、その過程で、中東の国々は目も当てられない状態に陥っている。1200万ドルで購入したアングロ・ペルシャの契約を例にとると。ウィンストン・チャーチルは、1921年から1925年の間に、この取引でイギリスは2億5千万ドルの利益を得たと言った。実は、イラクのモスル油田を手に入れたいという石油王の欲が、第一次世界大戦の原因だったのである。

中東の不幸な混乱は、イギリスの石油業者とアメリカ帝国主義の干渉が直接の原因である。サイクス・ピコ協定は、パレスチナに不和と流血をもたらしただけで、それは今日まで続いている。

この時代の歴史を読むと、当時（1912〜1930年）国政として通っていたものが、汚い石油政治以外の何物でもなかったことがわかるから不思議である。この時代の歴史を読むと、実に心が痛む。この戦いのために、両陣営で何百万人もの命が不必要に犠牲になったのだ。1916年にイギリスがトルコを破った後（主にアラビアのロレンスのおかげで、アラブ人にパレスチナを与えるという約束が守られなかった）、サイクス・ピコ協定は、中東におけるフランスの援助と引き換えに、シリアとモスルに対するフランスの主張への支持を提示した。1917年春、イギリスのバグダッド攻勢は成功した。しかし、同盟国であるツァーリ派のロシアが崩壊したため、イギリスはモスルに到達することができなくなった。

休戦により、モスルを防衛していたドイツ・トルコ軍は排除された。それは、欧米諸国、特にイギリスとアメリカによる、憧れのモスル油田を確保するための作戦と対抗策に他ならない。この地域の国々は、相談すらされなかった。それは、石油をめぐる帝国外交の最も醜い姿であった。

強欲な石油会社による騒動を沈静化するため、1922年11月にスイスのローザンヌで会議が開かれたが、その前にイギリス軍がモスルに向かって進軍し、ヒューズ国務長官は「イギリスのモスルに対する主張は妥当でないため、アメリカは認めない」と宣言している。英国は占領によってモスルを「手中に収めた」と考えており、*ロンドン・タイムズ*の特派員は喜びを隠せないでいた。

> 私たちイギリス人は、帝国の石油需要を長年にわたって供給できる3つの巨大油田が、ほとんどイギリス企業によって運営されていることに満足している。トルコ石油の地質学者は、モスル鉱区に3つの大規模な油田が存在することを確認した。北東部はハマムアリからキルクーク、トゥズハルマティを経てキンドイシュリンに至る油田である。もう一つは、モスルの南、カ

> イヤラからキフリを経由してジェベジ・オニキ・イマムまで伸びている。もう一つの盆地はモスルの南西から始まり、チグリス川に沿ってバグダッドに向かってフェト・ハハ峠とマンダリまで伸びている。

ジョージ・ブッシュ・シニアが1991年に「フセインを軌道に乗せるのに失敗した」後、ジョン・パーキンズの言葉を借りれば、この豊かなトロフィーを手に入れるためにイラクを攻撃したのであった。独裁者のもとで暮らすイラクの人々についての政治的なレトリックは無視すればいいのです。イラクの民主化に貢献したという敬虔な決まり文句は忘れてもいい。1991年にホワイトハウスから流れた嘘は忘れ、2008年にオイルジャンの口から流れた嘘も忘れよう。私たちが把握できるのは、石油王たちが今日イラクで行っていること、そして1914年以来行ってきたことが、単に石油を求める帝国主義的な探求の継続にすぎないという確かな証拠である。2003年3月20日のバグダッドへの巡航ミサイル攻撃ほど、石油を求める帝国の姿勢が露わになったことはない。国際法のあらゆる原則に反し、米国憲法の権威のかけらもなく、国連がブッシュ・チェイニー石油政権にイラク攻撃のゴーサインを出さなかったことは言うまでもないが、バグダッドへの空爆が始まったのである。

ジョージ・ブッシュJr.の敬虔な決まり文句は、歴史のゴミ箱に捨てても大丈夫だ。なぜなら、ブッシュ皇室はアメリカ国民を代表していないからだ。G.W.ブッシュは、米国最高裁によって政権に選ばれた。もし、最高裁がジョージ・ブッシュを選ばなければ、今日の石油戦争はなかったと言ってよい。アル・ゴアが選挙に勝てば、イラクへの攻撃はなく、アメリカ国民はポンプで法外な値段のガソリンを払わされることはないと公言していたのは周知の事実である。

以下は、帝国主義者とその先達がいかに民衆のことを気にかけていないか、彼らを抑圧する「サダム」を排除したいという思いに体現されたイラク人への愛を宣言したジョージ・ブッシュ・ジュニアの言葉がいかに虚しく響くかを示すはずである。この石油戦争武勇伝の文脈は、アメリカがモスルに対するアルメニア人の権利を冷酷に否定し、100万人以上のアルメニア人は全く問題ではないかのように振る舞ったということである。

アルメニア共和国代表団の弁護士であるVahan Cardashianは、上院の公聴会と調査の要求で、このアルメニア人の権利の見落としを強調しようとした。1928年3月14日のボーラ上院議員への書簡では、もし外交委員会が自分の要求に応じなければ、クーリッジ大統領に米国とアメニティの紛争をハーグ法廷に提訴し、裁定を仰ぐよう要請すると述べている。CardashianがBorah上院議員に宛てた手紙は次のような内容である。

> *私は、大統領内閣の2人のメンバーが、ローザンヌ会議でアルメニア人事件をめぐって駆け引きし、100万人近いアルメニア人を祖先の家から追放することに影響を及ぼすよう共謀したと非難しているのだ。*
>
> *私は、この暴挙に及んだ彼らとその共犯者たちが、国務省を彼らの邪悪な計画を実行するための進んで利用したこと、そして国務省が、この点で方針を指示した者たちの痕跡を隠すために、誤った報道や陰謀、さらにはテロに頼り、無責任で恥知らずなプロパガンダで国内を溢れさせたことを非難します。*
>
> *では、このような状況下で、国務省のトルコ政策の動機、目的は何なのか。私たちは、石油について言っています。アメリカの正当な権利を放棄し、その不名誉な政策から注意をそらすために、些細なこと、乱暴な当てこすり、嘘で空気を満たす大胆さを持った政権、外交関係の遂行において意図的に合衆国憲法を踏みにじる政権、このような政権は、特権階級の利益のためにアルメニアの人々とその家を石油で売り払うことを*

躊躇せず、そして躊躇していないと私は非難しているのだ。

もし、何らかの理由で上院外交委員会が、勇気ある国民に加えられた過ちに対処できず、その気もないのであれば、私は米国大統領に、政権とアルメニアの間の問題をハーグの常設仲裁裁判所に持ち込み、判断を仰ぐよう要請することになるだろう。

もし、ヴァハン・カルダシアン弁護士が起こした告発を今日改めて、アメリカの石油閥政権の名前をチェイニー、ブッシュ、ラムズフェルド、ブレアなどの名前に置き換え、「アルメニア人」を「イラク」「イラク人」に置き換えたらどうなるか、と思われる。ハーグの国際裁判所に提出する完璧な告発状を手に入れ、偽りの「正しさ」の仮面に隠れて、イラクの石油の帝国的買収を実際に推進しているこの人たちに圧力をかけることができるだろう。まず、上院の議長と下院の議長に、石油連盟のメンバーを反逆罪で告発し、下院には弾劾を、上院には有罪を宣告して退陣に追い込むよう求める具体的な法案を請願すべきである。そして、合衆国憲法の定めるところに従って、この人たちをこの国の裁判所で裁くよう請願すべきです。

そして、もしこれらの訴えや陳情が耳に入らないのであれば、ハーグの世界裁判所に提訴し、帝国主義石油軍団のメンバーが裁かれることを要求しなければならないのである。それ以下ではだめだ。この石油軍団が世界で暴走を続けるのを止めることはできない。なぜなら、いつものように、石油産業の旗印のもとにあるすべての国々を無視しているからだ。

1991年にヘンリー・ゴンザレス下院議員によってG・W・H・ブッシュの弾劾が試みられたが、合衆国憲法を顧みない両党の政治家たちによって押しとどめらた。ジョージ・W・ブッシュに対して同様の決議案を提出しても、同じ運命をたどることは間違いない。現在の下院と上院の政治家たちは、1991年当時よりもさらに憲法を軽視しているからだ。もし、この決議が無関心であったり、政治的なポーズであったりした場合、国民はハーグの国際司法裁判所に持ち込むという救済措置がある。少なくとも、憲法を本来のあるべき姿に戻す方向に一歩を踏み出させ、石油王が憲法を踏みにじり続けることのないようにしてほしい。

石油をめぐる帝国主義者の戦いは、イラク、イラン、メキシコにとどまりません。世界中に広がり、ベネズエラへの介入は言うに及ばず、ロシア国民の主権を侵害することさえしている。シベリアでは、これまでほとんど書かれていない、とんでもない事件が起こった。

1918年、日本はシベリア沿岸を占領しようとした。ウィルソンは外交でこれを防ごうとしたが、うまくいかなかったので、議会の承認なしにアメリカ軍をシベリアに派遣した。ロシアを助けるというより、サハリンの貴重な石油と石炭の鉱脈が日本に奪われるのを防ぐためだった。ウィルソンはそれをアメリカの会社、シンクレア石油に欲しがったからだ。ロシアはシンクレアを好意的に見ており、アメリカ人は「クリーンハンド」だと考えていた。しかし、石油産業という帝国の旗印のもとに活動する者たちは、フェアに行動していない。彼らはよくやる汚い手を使っている。

ロシアがシンクレア・オイルに好意的な一方で、その背後では、雑多な石油王たちが、コーカサスとその貴重な油田のロシア支配を目論み、反対していたのである。メキシコと同じような話だった。アメリカは、グルジアの反体制派を密かに支援しており、彼らが成功すれば、求められている石油利権が手に入ると考えている。アメリカはグロスニバク油田を支配しようと躍起になっていたが、モスクワは反乱を鎮圧し、アメリカのグロスニバクへの干渉を証明する文書を鹵獲した。

そして、帝国主義者たちは議会に赴き、パリに亡命中の政府を持つ「グルジア国民共和国」の承認を得ようとした。しかし、ボルシェビキと共謀した国務省がこのプロジェクトに反対し、頓挫してしまった。それでも、ロックフェラー・スタンダード社は、ロシアの石油を安く買う利権を獲得し、英米石油会社はバクーから25万トンの石油を買い入れた。突然、反ボルシェビキのロックフェラー石油ロビーが、ロシアへの中傷をやめ、賞賛し始めたのである。ロックフェラーはその後、ロシアの石油供給業者とどんどん大きな契約を結び、1927年には50万トンを購入した。

ロックフェラーとボルシェビキの関係は、共産党支配下の政権からもたらされる恐ろしい話にもかかわらず、非常にうまく行き始めた。1927年6月、スタンダード・オイル社は36万トンの石油を追加発注し、バキューム・スタンダード社はボルシェビキと年間1,200万ドルの契約を交わした。

帝国主義石油軍団（ブッシュ、チェイニー、ラムズフェルド）によるサダム・フセイン（獣）についての恐怖物語は、米国憲法のあらゆる原則に違反し、国際法を踏みにじる、いわゆる「先制攻撃」という前例のないイラク攻撃の舞台を整えたのだ。

しかし、彼らの実績は、ロシアにおける残忍な殺人と自由の抑圧の記録が、サダム・フセインが彼の国民に行ったことの10万倍も上回るボルシェビキの獣とビジネスを行うことに非常に満足していたのである。ブッシュ政権は、自分たちの側にある「道徳」について高尚な言葉をあえて口にし、キリスト教原理主義者のテレビ伝道師たちは、この邪悪な帝国石油軍団は "正義の戦争"を戦っていると国民に語りかける。

イギリスの雑誌『*The Outlook*』は、ボルシェビキとの石油貿易の状況をまとめているが、そこに書かれている見解は、時間軸を1928年から2003年に変えれば、ブッシュ、チェイニー、ラムズフェルドの石油軍団にぴったりである。

英米当局は、ロシアの石油との貿易を合法的なものと考えている...」。単純に考えれば、各社が互いに目の敵にしようとしたのだろう。

卑劣な陰謀と競争は十分に不吉であり、それを道徳や倫理の観点から説明しようとする試みは、純粋な偽善である。卑猥で嫌な感じです。

さて、ここでアメリカの舵取りをしているブッシュとチェイニー帝国石油軍団の「モラル」に迫ってみよう。彼らは、合衆国憲法や国際法の権威のかけらもなく、イラクを攻撃し、国際法に違反して、無防備なバグダッドに何千もの爆弾を落とし、巡航ミサイルの雨を降らせ、自信をもって、罰とニュルンベルク議定書の裁きを免れることを望んでいる。

さらに、帝国主義政権は、イラクを爆撃した後、「再建」することで莫大な利益を得ている。石油連盟の副大統領リチャード・チェイニーの会社、ハリバートンとベクテルは、「敵対行為」が始まるずっと前に、60億ドルの有利な契約を獲得していたのである。もしアメリカ国民がこれを受け入れるなら、彼らを待ち受ける運命は自業自得である。

その勇気が認められて、ベクテルは密かにエリザベス2世からCBE（大英帝国勲章）を授与された。巨大なプロパガンダ・マシンの成功によって、冒頭で述べたように、石油王によるイラク戦争を75%の大差で支持したアメリカ国民による合理的な議論が妨げられているのだ。その結果、2003年3月20日の野蛮な襲撃事件の真実は、比較的少数の人々の心の中にしか残っていないのだ。

ジョージ・オーウェルなら、石油産業とそのイラクへの帝国的進軍を理解しただろう。1903年生まれの彼は、プロパガンダと欺瞞による外交術に長けた技術者であり、ブッシュ、チェイニー、ラムズフェルドの石油コンビナートを相手にすることをためらうことはなかっただろう。しかし、アメリカにとって悲しいことに、オーウェルは1950年に『1984』という本で、物事の仕組みについて深い理解を世界に残したまま亡くなってしまったのです。2003年1月1日に発表されたPaul Footによる要約は引用に値する。

> 今年は、多くの人にとって「ジョージ・オーウェル」の年になるのではないだろうか。1903年に生まれ、1950年に没した彼は、イギリスの文学シーンを支配し続けている。この100周年記念の年に、私もその一人である彼の支持者と、スターリン同志の古き良き時代を覚えている彼の否定者との間で、左翼的な討論の楽しいリハーサルが行われることは間違いないだろう。

第7章

野蛮への道

この有名な風刺小説『1984年』は、3つの勢力圏に分かれ、互いに戦い続けるために常に立場を変える恐ろしい世界を予見していたことを思い起こすことから、オーウェル・イヤーをスタートします。

この3国の政府は、「戦争は常に1つ、敵は1つ」と主張することで、国民の忠誠心を保っている。オセアニアはユーラシア大陸と同盟を結んだことがない、と党は言った。彼、ウィンストン・スミスは、オセアニアがわずか4年前にユーラシア大陸と同盟を結んでいたことを知っていたのだ。しかし、その知識はどこに存在していたのでしょうか？自分の意識の中だけで必要なのは、自分の記憶に対する果てしない勝利の連続だった。Reality check, as they call it: Novlanguage; 'doublethink'.

私たちはイラクについてこの「ダブルシンク」を持っており、それは私たち自身の心以外の場所にも存在しているのです。マーガレット・サッチャーによるオセアニア（米英）の記録や、1991年にアメリカがイラクと戦争するように仕向けた背信的な計画がある。そして、サダム・フセイン大統領をこの罠に陥れたエイプリル・グラスピーの二枚舌。アメリカ帝国主義によるイラクから石油を奪う試みが散見される長い道のりの、もう一つのステップとなったのだ。

アメリカ国民は、1991年と2008年の沈黙によって、抗議の声もなく、帝国主義の蛮行と大量破壊行為を支持してきたのだ。アメリカ国民は、歴代のブッシュ政権による意図的な憲法破壊にほとんど関心を示さず、抗議の声を上げることもなかった。なぜ、イラクでの行動によって、ドイツは「集団的責任」の原則を問われ、アメリカは問われないのか。ジョージ・ブッシュ、マーガレット・サッチャー、そして帝国主義者の同僚たちの命令でイラクに対して行われた戦争犯罪の集団的責任はどこにあるのでしょうか？12年間、英米の公文書館に未公開の文書が残っていた。「オセアニア」がいかにイラクを欺き、嘘をついたかを詳細に記した文書である。マーガレット・サッチャーはフセインを糾弾する前に、イラクに「大量破壊兵器」を装備させるために15億ドル以上を費やした。これは、「オセアニア」がイラクとブロックを形成しており、フセインがオセアニア政権の青い目の子供であったためである。1996年に英国で行われた大規模な「スコット調査」において、この大規模な二重構造の詳細がいくつか漏れ伝わってきた。

1980年代、サッチャー政権は、法律で「禁止」されているはずの軍備のほとんどをイラクに供給していたのである。チーフテン戦車はヨルダンに密輸され、そこからバグダッドに輸送された。工作機械に関する規制を「緩和」し、イラクの武器メーカーがビジネスに参入できるようにしたのである。軍事機器購入のためのクレジットは、「民間開発」の必要性を装ったものであった。

1980年代、ホワイトホールのファイルに書かれているように、破産したイラクの独裁者への融資を保証するという「大胆な戦略」は、サッチャー夫人自身、ダグラス・ハード外相、ニコラス・リドリー貿易産業相によって支持された。そのため、軍需企業と密接な関係にあるホワイトホールの武器販売局（国防輸出販売組織）の職員が強く働きかけを行った。イラクの保証は、本物の商業的な提案というにはあまりにも危険なものだった。国益のため」と称する特別条項の第2項に基づいて許可されたのだ。

保証の対象は民間のプロジェクトに限られるはずだった。しかし、アーニー・ハリソン卿の時代に年間8万ドルを定期的に党に献金していたラカル社は、1985年にイラクとの契約を獲得した後、4500万ドルの特別保険「防衛手当」をECGDから秘密裏に受け取っている。ECGDの文書によると、この秘密結社の利益を実質的にすべて得ているのは1社であると、関係者は抗議している。しかし、それは却下された。

湾岸戦争が勃発したとき、ラカルはイラクに工場を建設していた。その結果、ECGDは1800万ドルの保険小切手をRACALの銀行家に支払わなければならなくなった。1987年、マルコーニ・コマンド・アンド・コントロール社は、イラク軍に大砲用気象観測システム「AMERTS」を売り込むため、納税者の保証をバックに1200万ドルの銀行融資を受けた。正確な砲撃のために重要なAMERTSは、レーダーと連動した気象観測気球で風速を測定している。

アメリカの大量破壊兵器ハンターが「生物兵器」と大々的に発表したのは、この2つの移動装置だった。しかし、専門家によると、この装置は砲撃用の追跡気球に水素を充填するのに使われていたというから、顔を真っ赤にして引き下がることになった。

しかし、ECGDの秘密配分は、RACALに使われていたのだ。そこで、国防省の担当者は、この契約を民間に再分類させた。この不透明な取引に、ECGDの幹部は「国防省に誤解された」と内々に抗議をした。結局、ECGDはマルコーニがお金を受け取らないので、1,000万ドルの小切手を書くことになった。

ジョン・レイング・インターナショナル社の支援を受け

たトライポッド・エンジニアリング社は、イラク空軍の戦闘機パイロット訓練施設でありながら、2000万ドルの契約を民間に分類させることに成功したのだ。Tripodはその交渉において、航空副司令官の支援を受けた。彼は退役後まもなく、規則で定められている国防省の承認を得ることなく、Tripodからコンサルタントとして報酬を受け取っていた。スコット報告書は、彼の行動がたとえ意図的でなかったとしても、疑いを持たれる可能性が高いと結論付けています。

スコット報告書は、イラクとの連続した武器契約による15億ドルの損失を繰り返し挙げている。

保守派の閣僚は、サダム大統領への保証金の貸し付けを止めることを拒否した。この入札で利益を得た企業は、その後、チップを現金化した。ミッドランド・バンクは香港の銀行（HSBC）に、グレンフェルはドイツのドイツ銀行に売却された。

今、イギリスがサダム大統領から賠償金をもらっても...」。

15億ドルの貸し倒れを考慮すると、英国にとっては戦費をまかなうには十分ではないだろう。この費用は、イギリスがどれだけの占領と管理をするかにもよるが、40億～60億ドルと見積もられている。

アメリカはこの戦争のコストや、例えばアメリカの巨大財閥ベクテルやハリバートンの関与を知ることはないだろう。しかし、現在までの戦費が6500億ドル（2008年半ばの数字）と見積もられていることは知っている。エイプリル・グラスピーとジョージ・ブッシュが行った二重の反逆は罰せられず、オセアニアの二重思考ノヴラングが世界を欺くことに成功したのである。

オセアニア（イギリスとアメリカ）がイラク戦争を始めたとき、このノヴランゲージ・ダブルシンクは壮大なスケールで展開されたのである。私たち、現代のウィンストン・スミスは、15年前にアメリカとイギリスがイラクと同盟を結んだことを知っています。イギリスの外務大臣は、サダム・フセインが最近のジャック・ストローの「二重思考」に挙げられているような自国民へのひどいことをしたときに、彼の味方であったことを知っている。

私たちは、サダムが大量破壊兵器を保有しているかどうかにかかわらず、その材料を売り込むために、政府が自らのガイドラインを変更したことを知っている。また、米国の爆撃機がイラク人を殺すために飛び立った重要な基地がサウジアラビアにあることも知っている。その政権はサダムよりもさらに独裁的で野蛮でテロリストである（さらに、クウェートは残忍な独裁という点ではイラクやサウジアラビアより10倍悪い）。しかし、その知識はどこに存在するのでしょうか？それは、私たちの意識の中にしか存在しない。

オーウェルの偉大な小説は、風刺だけでなく、恐ろしい警告でもあった。彼は、強権的な政府とその手先であるメディアの嘘と曲解に従うことの危険性を読者に警告したかったのだ。

反戦運動は、英米では急速に発展したわけではない。幸いなことに、オーウェルが別の文章で促したように、私たちはまだ「良心を力に変える」ことができ、「馬がハエを駆除するように」温情主義者を駆除することができるのである。"このままでは、また自分たちの記憶と二重思考に勝つという恐ろしいサイクルが待っている...」と。

私たちは、「ウォーモンガーとその二枚舌のノブローグを排除する」必要があるのです。メディアとその監視役、おべっか使いを「先天的なウソつき」という見出しで、正しい視点でとらえる必要があるのです。そうしなければ、私たちは、オーウェルの『1984年』に描かれたような恐ろしい体制の下で生きることを余儀なくされるのです。それは絶対に確かなことです。1991年に戻り、ジョージ・ブッシュ・シニア、エイプリル・グラスピー、マーガレット・サッチャーとその取り巻きによる嘘、欺瞞、二重思考の新事実を追体験し、その記憶を今日の出来事に対するあなたの認識と並べると、驚くほど似ていることがわかります。そして、抗議の声を上げてください。

かつての小国イラクに対して今も行われている大量虐殺戦争に目を向けよう。この民族と国家は、米国に危害を加えたことは一度もないが、それどころか、我々米国には、彼らに危害を加えようとした長い歴史があるのだ。1920年代以降、何百ページもの史料がこの真実を証言している。オセアニアと結託した秘密政府、石油産業、メディア監視団は、すでに罪のない人々にひどい害を及ぼしている。

この小さな、事実上無防備な国に対する残忍な蛮行の責任は同等にとらなければならないが、イラクを剥奪しようとするイギリスの努力は、アメリカのそれよりもさらにひどいものである。イギリスの努力は、イラクの一部を切り取って「クウェート」と呼ぶことで結晶化した。武力によって、彼らはウェストミンスターの傀儡であるクウェートという新しい「国家」を作り、そのトップに中東史上最悪の暴君であるアル・サバー族を据えたのである。

しかし、イラクが正当に自分たちのものを取り戻そうとした時、オセアニアのブッシュはグラスピーを送り込み、イラク軍にクウェート入りと解体の許可を与えて、フセインとアメリカ国民にあからさまなウソをつかせた。グラスピーの二枚舌はフセインに語った。

"アラブ諸国間の国境紛争に介入しない"

さらに悪いことに、その後（失踪前に）元老院に引き出されたとき、グラスピーは意図的に嘘をつき、今のところその裏切り行為の結果を免れているのだ。彼女はオセアニアの人々を欺いた。この女性、石油連盟の愛人は、石油をめぐる帝国闘争で100万人以上のイラク人を死なせた直接の原因である。

ニュルンベルク裁判に終わったドイツのやったことと、オセアニアがイラクにやったことの違いは何なのか。違いはありません。オセアニアの指導者たちは、過去も現在も、正義の鉄棒の前に引きずり出され、その凶悪かつ重大な犯罪のために裁かれなければならないのです。それが実現しない限り、世界に平和は訪れないのです。

一方、オセアニアの高僧たちは、二枚舌のノヴランジュの専門用語を使い続けている。ラムズフェルドは、この種の偽情報の最高の実践者の一人であった。2003年3月20日、彼は対イラク戦争に多数の「連合パートナー」がいると主張したが、実際にはオーストラリアとイギリスの2カ国だけであった。だから、"連合"という言葉を使って支持率を上げようとしたのは、実は欺瞞だったのだ。同盟の実権を握っているのは、米海軍、陸軍、空軍だけだ。

ブッシュ大統領は、人々にランキングに従うことを断固として要求している。実際、イラクの人々に対して行われた残酷な蛮行に完全に反対しながらも、アメリカのためになることはできるのである。ブッシュは、大多数が彼の二重基準を受け入れることを期待しているが、私たちは良心に基づき、彼に抵抗しなければならない。この戦争は、「愛国心」や「軍隊を支援する」ためのものではありません。この戦争は真実についてであり、真実とは、帝国アメリカが理由もなく、正当な理由もなく、小さな弱い国を2度攻撃し、そして今、自分たちが犯した恐ろしい犯罪を二枚舌で逃れようとしていることである。

私たちが立ち上がり、数えられるようになる唯一の方法は、真実を街頭で伝えることです。アメリカ議会と一緒になっても、どこにも行きません。この恐ろしい危機の中で、石油連盟の腕の中に閉じ込められ、進行中の世界的な抗議行動に耳を貸さず、多国籍企業を死ぬほど恐れて、ふらふらと歩いてきた。私たちは、国家を破滅に導く石油産業反対派と再分類し、石油産業の旗の下に行進する人々に反対しなければならない。

ジョージ・オーウェル

意識を力に変える。戦争屋をハエのように振り払え。

そうすることによってのみ、新しい世界秩序を作ろうとする彼らの動きを打ち負かすことができるのです。失敗すれば、オセアニアの温情主義者たちに潰される。そんなことは許されない。子供たちや自分たちの未来を考えるなら、オセアニアに勝たなければならない。残念ながら、アメリカ国民は、9.11をきっかけに、あらゆる抑制（合衆国憲法が課す統制を含む）を風前の灯とした温情主義の共和党によって戦争に引きずり込まれるという挑戦に立ち向かわなかった。したがって、存在しない「大量破壊兵器」（タヴィストック用語で）を見つけるという薄っぺらい口実で、実際にはイラクの石油を奪う目的で、米英帝国によるイラクへの軍事攻撃に何の抑制もないのである。

アメリカ国民に対して遠慮なく使われる巨大なプロパガンダ・マシンの成功は、ウェリントン・ハウス、バーネイズ、リップマンの時代から長い道のりを歩んできたこの科学の歴史における大きな進展の一つである。平均的なアメリカ人の注意力が2週間しかないのだから、「大量破壊兵器」についての嘘や歪曲はすぐに忘れ去られ、ブレアとブッシュの英米政府は許されることになるだろう。この問題は、カーペットの下で一掃するには大きすぎるが、時間が経つにつれて、ニュースメディアの表舞台から消えていくだろう。

2003年1月28日、ブッシュ大統領は米国議会での一般教書演説で、「無駄にしている時間はない、待つ時間はない」と世界に訴えた。国連やイラク攻撃に反対する世界中の大規模な抗議運動によって引き留められることは、アメリカとイギリスを「サダムの大量破壊兵器」にさらすことになると、ブッシュは言ったのだ。

ブッシュは、イラクはその責任を負わなければならないと断言した。25,000リットルの炭疽菌、38,000リットルのボツリヌス毒素、500トンのサリン、マスタードガス、VX神経剤、複数の移動式生物兵器研究所、さらに高度な核兵器開発が行われていた。

パウエル国務長官が国連で、ブレア首相が英国議会で繰り返したこの主張に基づいて、51%のアメリカ人が、イラクへの即時軍事攻撃は合衆国憲法で禁じられており、国連安全保障理事会がイラクに対する戦争を承認することを拒否しているにもかかわらず、同意するよう説得されたのである。米英両政府による国際法違反がいかに深刻であるかはここでは論じないが、米軍によるイラク侵攻がジュネーブ4条約、空中戦に関する1922年のハーグ規則、ニュルンベルク議定書のそれぞれに違反したことだけは述べておく。ブレアは英国議会で、揺れ動く自民党議員を説得するために熱弁をふるい、「イラクは化学・生物兵器による大量破壊で45分以内に英国を攻撃できる」と共感的に述べた。彼は下院で、イラクが大量破壊兵器を保有し、それを使用する用意があることを諜報機関が証明したと述べた。ブレアの説得力がなければ、彼が主張する裏付けとなる情報報告書と相まって、議会がイラク戦争への突進に同意することはなかっただろう。戦争への道は嘘で塗り固められたものであったことが今、判明した。*インディペンデント紙には*こう書かれていた。

> 大量破壊兵器を排除するためにイラクに侵攻した事例は、情報の選択的使用、誇張、信用できないことが知られている情報源の使用、明白な捏造などに基づいていた。

イラク大統領の統治が終わり、ブレア首相が国会で「45分で準備でき、運用できる」と発言したことから、私たちはそのような兵器が見つかると予想していたのです。燃料を積んで発射準備の整ったロケットを発射台や車両に隠すことは非常に困難です。しかし、2008年5月15日現在、6000人の米英「査察官」チームによる一連の集中捜索にもかかわらず、そうした兵器は発見されていない。ブッシュ大統領は、国連安保理決議が有効であったにもかかわらず、ハンス・ブリックス首席検査官の要請による国連兵器査察団のイラク帰還を断固として拒否した。頑固なブッシュは、国連捜索チームの責任者に反対した。国連の捜索隊がイラクに戻ることはないだろう。ブッシュ大統領は、「武器は必ず見つかる」と断言している。この点で進展がないことを攻撃され、「連合パートナー」のジャック・ストローは、イラクが大量破壊兵器を保有しているために世界に危険をもたらしているという少なくとも35の前向きな声明でブレアを支持していたが、2004年5月15日に議会で撤回することを余儀なくされた。

ロンドンの政治記者ニコラス・ワットが国会での論戦をレポートしたもの（Britain backtracked on the 'contious issue of Iraqi weapons'）によると、英国は大量破壊兵器という重要な問題で後退せざるを得なくなったとのことである。パウエル国務長官とライス国家安全保障顧問が、イラクの伝説的な兵器を発見できなかったというジレンマから抜け出そうとしたのをヒントに、ジャック・ストローは自分なりのバージョンを加えたのである。

> 英国は、イラクの大量破壊兵器問題について後退し、

> ジャック・ストロー外務大臣は、確たる証拠は見つからないかもしれないと認めざるを得なくなった。イラクの不正を示す証拠が圧倒的に多いので、それを見つけることは「決定的に重要ではない」と述べた。国連の主任武器査察官ハンス・ブリックスが戦前に「驚異的な量の証拠」を発見していたことを引き合いに出し、禁止兵器が見つからなかったことの意味を否定した。この「驚異的な量の証拠」は、1万リットルの炭疽菌で、タンカーには一部しか入っていない。
>
> 「フランスの2倍の面積を持つ国で、3分の1のガソリンを見つけることができるかどうかは、まだわからない」とストロー氏は言った。
>
> "ノルマ
> "で戦争したわけではないんです。我々は、国際社会が十分に入手可能な証拠に基づいて戦争に突入した」。

サダム・フセインは45分以内に化学・生物学的攻撃をしかけることができる、という閣僚たちの主張は、戦争批判者たちによって繰り返され、彼のコメントは劇的に後退している。ストロー氏はまた、ブリックス博士とトラブルになる可能性もある。彼は、禁止された兵器の存在について「圧倒的な証拠」を提出したと主張することに異論を唱えるかもしれない。慎重なブリックス博士は、イラクが1万リットルの炭疽菌を保有していると「強く推定される」とだけ述べた。

弁護士であるストロー氏は、ブリックス博士がイラクに炭疽菌があることを「示唆」しただけだと注意深く述べたが、化学物質と生物学的組み合わせの発見を「さらなる証拠」と呼び、炭疽菌の存在が認められることを示そうとしたのである。"

ハリファックス選出の労働党議員アリス・マホンは、政府を最も声高に批判してきた一人である。

"戦争の根拠はすべて真実でないことにある。大臣たちが主張を撤回しているのは世界中に知れ渡っている。人々は、イラクの兵器プログラムと45分で攻撃を開始できる能力について首相が言ったことを純粋に信じていました。これで戦争はさらに違法になる。"

元国防相ピーター・キルフォイル氏率いる労働党の反体制派は、大量破壊の証拠を要求する動議を下院に提出し、政府への圧力を強めるだろう。トニー・ブレアを筆頭とする一連の閣僚が、戦争前にサダム・フセインの脅威について悲惨な警告を発して、揺れ動く国会議員の支持を取り付けたからである。禁止兵器が見つからなかったことへの批判が高まる中、閣僚たちはもっともらしい説明をしようと奮闘していた。しかし、これまでのところ、彼らの説明はインチキだった。

第8章

追跡不可能なADM

イラク大量破壊兵器捜索隊（WMDST）は、サダム・フセインが化学・生物・核兵器を備蓄していたという証拠を発見できないまま、活動を終了している。このチームは、米国情報機関によって大量破壊兵器が存在する可能性があるとされた数多くの場所を調査したが、現在は兵器が見つかる可能性は低いと受け止めている。

作戦は縮小され、イラク調査団と呼ばれる小規模な部隊が引き継ぐことになります。米陸軍の作戦タスクフォース75の責任者リチャード・マクフィー大佐は、生物学者、化学者、コンピューター科学者、文書専門家からなるチームが、サダムが化学兵器庫の責任者に「解放許可」を与えたという情報機関の警告を信じてイラクに到着した、と語った。「この人たちに防護服を着せたのは、何のためでもない」と、*ワシントンポスト紙に語った*。しかし、もし彼らがこの兵器を使うつもりなら、使うべきものがあったはずで、我々はそれを見つけられませんでした。このことについては、情報機関において長い間、本が書かれることになるだろう。

サダムがこのような兵器を所有しているとされたことは、ワシントンとロンドンが対イラク戦争を正当化するために使った主要な口実の一つであった。2000年2月、コリン・パウエル米国務長官（当時）は国連でのプレゼンテーションで、大量破壊兵器を製造していると思われる施

設を特定した。5月1日、USSエイブラハム・リンカーン号で勝利宣言をしたジョージ・ブッシュは、こう言った
。

> 私たちは、隠された化学・生物兵器の捜索を開始し、すでに数百の調査対象地が判明しています。

一定の成果を上げています。イラク北部のモスル市付近で発見されたトレーラーについて、大量破壊兵器の専門家チームが移動式の生物兵器実験室であると結論づけたと報道されたのである。チームは同意したが、他の専門家は同意しなかった。このような研究所が最大3つ発見されたとする関係者もいるが、いずれの研究所からも生物・化学兵器は発見されていない。(この「移動式研究所」は、大砲の追尾気球に水素ガスを充填するための車両であることが判明したが、この情報は英米の新聞の裏面に埋もれてしまった)。

5月11日、米統合参謀本部議長のリチャード・マイヤーズ将軍は、大量破壊兵器はまだイラクの特殊部隊の手にある可能性があると発言した。それとも、まだどこかのバンカーにいるのだろうか？しかし、現場はもっと懐疑的であった。米国中央司令部は、19の優先兵器用地と疑われるリストをもって戦争を開始した。2つを除いては、証拠が見つからずに捜索されました。また、大量破壊兵器の所在を示す手がかりとして、さらに69カ所が確認された。このうち、45件は検索に引っかからなかった。

専門家の中には、大量破壊兵器捜索隊の拘束時間が長すぎて、イラク軍に解体・破壊を許してしまったことが問題のひとつと考える人もいる。また、そのような兵器が存在するという評価は間違っていたと考える人もいる。防衛庁の担当者はこう語る。

> "熊の国
> "に来て、熊を探しに荷物を積んで来たのに、熊がいないことがわかった。サダム・フセインの化学・生物

> 兵器はどこにあるのか」という質問であった。今、問われていることは何でしょうか。それを見極めようとしているのです。

2008年になると、フセインが大量破壊兵器を保有しているという話は、ジェイ・ロックフェラー上院議員が率いる上院委員会の報告書で確認されたように、膨大な量の嫌な嘘以外の何物でもないことが明らかになった。ブッシュとチェイニーを名指しで呼び、アメリカ国民と議会を意図的に欺いたと非難したのだ。大量破壊兵器の探索は、フセイン大統領の政府に関する情報を求めているイラク調査団のもとで続けられています。ホワイトハウスは、この部隊はタスクフォースより規模が大きいと主張している。しかし、関係者は兵器研究に携わるスタッフの数が減っていることを認めている。数週間前から、イラクで米英軍が化学・生物兵器を発見した可能性があるとの報道が後を絶たない。数時間後、数日後、新聞の裏面をスクロールしてみると、これも誤報であったことがわかる。国防総省の資料によれば、10年にわたる国際査察、電子監視、「スパイと亡命者」による情報提供に基づき、これらの兵器は、たとえ存在したとしても5年、10年、15年前に製造され、安定した貯蔵期間をとっくに超えて、ほぼ確実に使用不可能になっていたのである。

イラクが大量破壊兵器を開発する計画はあっても、実際の兵器は持っていないということに疑問の余地はなかったし、サダム・フセインが国連の査察団からこれらの兵器を隠そうとしないと信じるほど、世界は甘くはなかったのである。

しかし、米国の侵攻を正当化したのは、10年にわたる制裁、戦争、米国の空爆、国連の査察の後でも、イラクが依然として核、化学、生物の脅威を存続させているからであった。ブッシュ政権は、イラクの国境を越えて展開されたり、テロ集団に供給される可能性があると述べている。

パウエル国務長官は、サリン（NATOではGBと呼ばれている）から炭疽菌、制裁用ミサイルに至るまで、あらゆるものがイラクに大量に備蓄され、使用可能な状態にあるという明確な証拠を持っていると主張し、国連で盛んに主張したが、ブッシュにとっては残念ながら、この論拠は全くない。

化学・生物兵器の備蓄についてパウエルに話した同じイラクの亡命者が、それらは完全に破壊されたとも言っていたことは問題ではなく、パウエルは国連と世界に伝えるのを怠った。たとえそれが事実であったとしても、何年も棚に置かれていたのでは、使い物にならなくなってしまうからだ。

不思議なことに、米国のメディアは、ほとんど例外なく、ほとんどの生化学的薬剤の保存期間がかなり限られていることに触れていない。その中で、元国連イラク兵器査察官で、戦争反対派のスコット・リッター氏の言葉を引用した人は少数派だった。リッター氏によると、イラクの化学兵器として知られているサリンやタブンなどの神経ガスの有効期限は5年で、VXはそれよりわずかに長いという。ボツリヌス毒素は約3年、液状炭疽菌は（適切な条件下では）同程度の有効期間である。また、化学兵器はすべてイラク唯一の化学兵器施設である国営ムサンナー施設で製造され、1991年の第一次湾岸戦争で破壊され、生物兵器工場と研究材料は1998年に明確に破壊されているので、生物・化学兵器備蓄はすべて「無害で役に立たない」と、リッター氏は付け加えている。

しかし、リッターの信憑性を疑問視する声もある。第一次湾岸戦争後のイラク侵攻を支持した元タカ派で、最近では1998年に*ニューリパブリックの記事*で、サダムは強力な生物化学兵器から核兵器インフラまで、すべてを国連の査察団から隠すことに成功したかもしれないと書いている。

しかし、実はイラクの大量破壊兵器はリッターが主張するよりもさらに寿命が短い可能性があり、アメリカ政府もそれを知っている。米国国防総省の「軍事的に重要な技術リスト」（MCTL）は、同省が「米国の優れた軍事能力を維持するために不可欠」と見なす技術を詳細にまとめたもので、このリストに掲載されている技術は、「軍事的に重要な技術」である。核拡散防止を含むすべてのミッション分野に適用されます。

では、イラクの化学兵器プログラムについて、MCTLはどのような見解を持っていたのだろうか。

化学神経剤を製造する際、イラク人は本質的に不安定な混合物を製造していた。イラク人が化学兵器を製造したとき、彼らは「作って使う」体制を堅持しているように見えた。イラクが国連に提供し、後に現地査察で検証された情報から判断すると、イラクが製造した神経ガスの品質は低いものであった。品質が悪かったのは、精製がうまくいかなかったからだろう。この薬剤は、前線に早く届けられるか、あるいは軍需品の中で劣化することが必要でした。

防衛省の報告書にはこう書かれている。

> また、（第一次）湾岸戦争後のイラクで発見された化学兵器は、劣化の激しい薬剤が含まれており、目に見えて漏れているものがかなりの割合で存在した。

これらの質の悪い薬剤の保存期間はせいぜい数週間であり、これでは大量の化学兵器を備蓄することはできない。第一次湾岸戦争の少し前に、イラク人はバイナリー化学兵器を作ったと言われている。これは、比較的毒性の低い薬剤の成分を使用直前まで混合しないため、使用者が保存期間や毒性を気にすることなく使用できる。しかし、MCTLによれば、「イラク人は、不運な人が使用前に一方の成分を他方の成分に注ぎ込まなければならないような二元化された弾薬を少数保有していた」そうで、この行為を進んで行う兵士は少なかった。

イラクは、神経ガスよりもやや安定性の高いマスタードガスを製造していた。保存期間が長く、強力な薬剤がまだ利用できるかもしれません。しかし、イラクの粗悪な薬剤を、製造から何年も経ってから心配するのは疑問が残る。そして、リッター氏が現在主張しているように、近年稼働している化学兵器施設は、核兵器施設と同様に排気ガスを出す可能性があり、新たな生物兵器計画はゼロから始めなければならなかっただろう。この2つの活動は、欧米の諜報機関によって容易に発見されたはずだが、証拠が存在しなかったという単純な理由で、証拠が作られることはなかった。

イラクの核の脅威は、さらに不安定な基盤の上に成り立っていた。しかし、このことは、タカ派が証拠の欠如を利用して、消極的な政治家を脅かすことを妨げなかった。

1999年から2001年にかけて、イラクは「ウランを必要とするような活発な民生用原子力計画を持っていないにもかかわらず」、無名のアフリカ諸国から「大量のウラン」を購入しようとしたことを示す文書を、英国情報部が入手したのである。

ニューヨーカー誌の上級記者シーモア・ハーシュは、ブレアがこのいわゆる「決定的証拠」を発表した同じ日、CIA長官ジョージ・テネットが、イラクの大量破壊兵器問題に関する上院外交委員会の非公開公聴会で、イラクと問題のアフリカの国ニジェールの間の文書について議論したと書いている。テネットの証拠は、議会が戦争決議を支持するのに役立った。すでに述べたように、戦争決議は合衆国憲法に規定された権限ではない。憲法では、宣戦布告は上下両院の合同会議で可決されることが定められている。それ以下のものは違憲であり、「決議」は宣戦布告の基準を満たさないため違憲で効果もない。

国際原子力機関（IAEA）は、国連安全保障理事会のためにこの重要な文書の真偽を確認することになっていたが、何カ月も懇願してようやく米国政府から入手した。ブッシュ・ホワイトハウスが、懐疑的な世界に対してサダムの核開発の意図を証明しようと躍起になっていたことを考えると、この遅れは奇妙である。IAEAのエルバラダイ事務局長が、国連安全保障理事会で、ニジェールのウラン販売に関する文書は明らかに偽造であると発言したことは周知のとおりである。この文書は、まともな諜報機関からのものとは思えないほどひどいものだ。その後の下院公聴会で贋作について問われたコリン・パウエル国務長官はこう答えた。

> "他力本願
> "で来た。検査官に誠実に提供されたものである。"

犯人は英国MI6、アラブ系ではイスラエル・モサドという指摘もある。実際、この政権は、1998年に査察団が去る前に、国連がイラクの核兵器プログラムのインフラと施設をすべて破壊した事実を、しばしば看過してきた。国連の制裁、飛行禁止区域、欧米軍の徹底的な監視が続く中、フセイン大統領が過去5年間、遠心分離機の再建に必要な材料を密かに輸入していたとしても、遠心分離機が発するガス、熱、ガンマ線は隠せず、我々の情報能力ならすでに特定できているはずだ。IAEA爆破事件の1週間後、ジェイ・ロックフェラー上院議員（民主党、バージニア州選出）は、この件に関するFBIの調査を正式に要請し、次のように述べている。

> 「これらの文書の捏造は、イラクに関する...世論操作を目的とした、より広い欺瞞の一部である可能性があります」。

この重要な問題について、FBIは何も発表していない。ホワイトハウスの関係者やメディアは、イラクで大量破壊兵器が見つかるとはもはや思っていなかったと認める一方で、兵器はシリアに渡った、米国侵攻の数時間前に事実上破壊された、などという説得力のないシナリオがさまざまに投げかけられた。しかし、実際には、イラクはアメリカやイスラエルを脅かすような能力はほとんどなく、紙虎のような存在であったようだ。

ブッシュ政権は、戦争に踏み切った理由であるイラクの大量破壊兵器について、方針を転換した。膨大な量の禁止物質の備蓄を探すのではなく、証拠となる書類を探すことを期待している。このようなレトリックの転換は、国民の期待を弱める目的もあるようだが、過去には、イラクが膨大な化学・生物兵器の備蓄を隠し、秘密の核兵器開発に活発に取り組んでいるというブッシュ政権の主張を裏付けるものは、米軍のタスクフォースではほとんど見つからなかったことから、徐々に行われてきた。

ブッシュ政権は、不都合な事実が公論から消えることを望んでいるようだ。戦争に反対していたリベラル系シンクタンク、政策研究所（IPS）のフィリス・ベニス氏は、「かなりの程度、起こっている」と述べた。政治家の中にもこの問題を提起する人はほとんどおらず、民衆の軍事的勝利に挑戦する気にはなれない。

しかし、下院情報委員会の民主党筆頭議員であるカリフォルニア州のジェーン・ハーマン下院議員は懸念を表明した。

> 戦前はその主張に納得していたものの、イラクの兵器発見が進まないことに危機感を募らせる。紛争前と紛争中に議会と戦争計画者が入手した情報についての完全な説明が必要である。

*ニューヨークタイムズとCBSの*世論調査では、読者の49%が「政権はイラクで禁止されている兵器の量を過大評価している」と答え、29%が「推定は正確」、12%が「

低い」と答えている。

これに先立ち、2005年10月7日の演説で、ブッシュ氏は次のように述べている。

> イラクの政権が...は化学・生物兵器を保有し、生産している。核兵器保有を目指している。私たちは、政権がマスタードガス、サリン神経ガス、VX神経ガスなどの化学剤を何千トンも製造していることを知っています...。また、監視写真から、政権が化学・生物兵器の製造に使用していた施設を再建していることが明らかになった。

年1月の一般教書演説でブッシュは、イラクが2万5千リットル以上の炭疽菌（数百万人を殺すのに十分な量）、3万8千リットル以上のボツリヌス毒素（数百万人が呼吸不全で死亡する量）、最大500トンのサリンマスタードとVX神経剤を製造できるだけの材料を保有している、と非難した。

パウエル国務長官は、2月6日の国連安保理での演説で、バグダッドが生物兵器の入ったロケットランチャーと弾頭をイラク西部の場所にばらまいたことを「知っている」と述べた。

> また、最近、多くのイラクの大量破壊兵器施設から禁止物質が移動されたことを示す衛星写真もある。サダム・フセインが生物兵器を保有していることは間違いなく、さらに多くの兵器を迅速に製造する能力も持っている。

パウエルは4月の議会証言で、「武器は見つかるだろう」と述べた。彼は国連での演説で、そこにあるものはすべてバックアップされており、二重三重のソースがあると言った。

イラク陸軍大将は、米国がフセイン大統領打倒のためにイラクを攻撃する少し前に、サダム・フセイン政権が化学兵器の備蓄を破棄した可能性があると述べた。しかし、David H.
少将はペトレイアス第101空挺師団長は、イラクで疑われている非通常兵器の場所や状態を決定的に判断するのはまだ早いと述べた。ペトレイアス将軍は、モスルからテレビ電話を通じて国防総省で記者会見し、次のように述べた。

> ...年前に化学兵器があったことは間違いないのですが、ただ、何年も前にすべて廃棄されたのか...戦争直前に廃棄されたのか、それともまだ隠されているのかが分かりません。我々の化学部門がトレーラを調べたところ、先週この南東部で特殊部隊が発見した最初のトレーラと非常に近く、同一であることが確認されました。

軍部隊が数十か所の不審な場所を調査したが、不正な武器は発見されなかった。その予告編は、ガス入りの風船を使って砲撃の精度を測る砲撃追跡部隊のもので、核兵器とは無関係であることが判明した。イラク駐留米軍司令官トミー・R・フランクス将軍は、このような兵器の証拠を探すために、最終的には数千の場所を捜索しなければならないかもしれないと述べた。しかし、ペトレイアス将軍は、5月9日にモスル近郊の軍事研究施設アル・キンディで発見されたとする移動式生物兵器実験室の疑いについて、新たな詳細を報告した。

軍や民間の関係者によると、米国チームは現在、3つの移動式研究所の一部を発見している。しかし、ペトレイアス将軍は、アル・キンディで発見されたトレーラーは完全なものではなかったと述べた。もし、サダム・フセインが自分の死期が迫っていると思えば、大量破壊兵器をアルカイダに渡すことにゴーサインを出すと考えるのは、確かに合理的であっただろう。しかし、ブッシュ・ホワイトハウスと国防総省は、そのような事態を想定していなかったようである。彼らは、イラクの大量破壊兵器がもたらすとされる脅威に対抗することよりも、大量破壊兵器の証拠を見つけること（そうすればブッシュが戦争を正当化できる）に関心を寄せている。

なぜ、イラク調査団は開戦と同時に結成され、一刻も早く駆けつけ、米国を脅かすこれらの物体の所在を突き止め、確保しようとしなかったのだろうか。結局、戦争は驚きをもって迎えられたわけではない。そして、イラクからのニュースも心もとない。米国の調査団が到着するずっと前に、略奪者たちがイラクの核施設を一掃してしまったのだ。彼らは、健康や環境に害を及ぼす放射性物質を知らず知らずのうちに手にしていた、ただの廃品回収業者だったのだろうか。それとも、汚い爆弾の材料を探していたテロリストなのか？いずれにせよ、ブッシュ大統領やラムズフェルド国防長官をはじめとする政権や国防総省の幹部に対する正当な疑問は、「なぜ、これらの敷地を直ちに確保しようとしなかったのか」ということである。

月4日付の*ワシントン・ポスト紙の*バートン・ゲルマン記者は、国防省の特別訓練を受けたチームが、公式には1カ月も決まっていなかったバグダッドの核研究センターに5月3日になって派遣されたと報じた。このチームは、1981年にイスラエルが爆撃した原子炉跡があり、汚染爆弾製造者にとって非常に魅力ある放射能廃棄物を保管しているこの場所が、略奪されていることに気付いたとゲルマン記者は伝えている。

> "このチームの調査は、戦争によって、この国の最も危険な技術が、誰の知識も管理も及ばないところで分散されたことを示す新しい証拠を提供するように思えた。"

ブッシュは、大量破壊兵器の探索が遅々として進まず、この重要な戦線における戦前計画の欠如を説明する必要がなかったのだ。幸いなことに、民主党は空母の写真を撮る演説（ニュースチャンネルが『トップガン』の映像を繰り返し流すことになった）を批判するほうに時間を割いたようだ。しかし、5月7日のホワイトハウスのブリーフィングで、アリ・フライシャー報道官は、米国は（もし大量破壊兵器が存在するなら）その拡散を防ぐために行動しなかったのか、と迫られた。このやりとりは、示唆に富んでいた。

質問です。

> 「しかし、あなたは直接の質問に答えず、このような発言をしています。つまり、発見されたもの（まだ確認中でしょうが）だけでなく、武器材料や実際の武器が国外に持ち出された可能性について、この政権は何を知っているのでしょうか？".

フライシャー：

> "まあ、具体的な報告は何もないのですが"

その通りだ。ホワイトハウスは、大量破壊兵器関連物質がテロリストに渡ったり、奪われたりするのを防ぐための努力について、ほとんど何も語ってはいない。戦争前にホワイトハウスが認識したリスクは、フライシャー氏が示唆したように、サダム・フセインが大量破壊兵器を米国に対して使用することではなく、そうするテロリストにそれを横流しすることであった。しかし、そのような移転が戦中・戦後に行われなかったと言い切れるのだろうか。米軍がこのような悪夢のシナリオを防ぐために熱心に行動したと正直に主張することはできないのは確かだ。実際、イラクにあったかもしれない大量破壊兵器の指揮統制機構を破壊したことで、この危険な物質がテロリストの手に渡る可能性が高まっただけである。

そして、フライシャーはこう指摘した。

> "先ほども言ったように、我々は彼らが大量破壊兵器

> を保有していると確信している。この戦争はそういうものであり、そういうものなのだ。"

110カ所以上をチェックしたが、決定的なものは見つからなかった。誤報の練習になった。ラティフィヤで疑われた白い粉は、ただの火薬の粉でした。サリンとタブンと思われる神経ガスの入った樽は農薬だった。十数人の米兵が容疑地を調べ、体調を崩したのは、肥料の煙を吸ったからだった。

挫折するたびに政治的なプレッシャーは増していく。政府機関と情報機関の間の内紛は、大西洋の両側で激しくなっている。イラクから恐ろしい兵器を奪うために戦争をした後、アメリカもイギリスも、イラクがそのような兵器を持っていなかったことをあえて認めなかった。大量破壊兵器の捜索は、大失敗に終わった。

この研究は、特にネオ・ボルシェビキの陰謀にとって不可欠なものであった。9.11以降のアメリカの新しい世界では、国防総省の中枢にいるこの小さなアナリスト集団が、イラク戦争の原動力となったのである。CIAに対抗して誕生した新しい諜報機関、Office of Special Plansに所属する十数名の「陰謀団」である。CIAがイラク問題で逡巡している間に、OSP（Office of Special Investigation：特別捜査局）は先に進んでいた。

CIAが疑念を抱くところ、PSOは断固としていた。イラクをめぐってバトルロワイヤルを繰り広げたが、結局は重荷になり、物足りなさを感じるようになった。PSOは、2001年の同時多発テロの後、ドナルド・ラムズフェルド国防長官の発案で作られたものである。イラクに関する旧態依然とした問題に立ち戻り、CIAがイラクの脅威を軽視していたことを示すことが任務であった。しかし、その出現は、普段は秘密主義の情報収集の世界に大きな破滅をもたらした。

PSOは、政権を代表するネオボリシェビキの戦争屋の一人であるポール・ウォルフォウィッツに直接報告した。OSPは、CIAや国防情報局（DIA）をバイパスして、大統領の耳元でささやくようになった。彼らは、サダムの兵器開発計画が具体化する前に、サダムに対する戦争を行うよう力強く主張した。

CIAや国防情報局の穏健な声は封殺された。マスコミのリークも相次いだ。あるCIA関係者は、この陰謀団を「クレイジー」、「神からの使命」と表現している。しかし、陰謀団とラムズフェルドのペンタゴンは勝ち、パウエルのハト派的な国務省は負けたのだ。2人の緊張関係が表に出てきたのである。

「ラムズフェルドが自分の情報機関を作ったのは、自分が得た情報が気に入らなかったからだ」と、米外交問題評議会の国家安全保障研究部長であるラリー・コルブは言う。"典型的で慎重すぎる外交官であるパウエルのやり方が気に入らなかった
"と。元CIA職員はPSOについて苛烈に語っている。信頼性がなく、政治的な動機もある。熟練したCIAスパイの数十年にわたる仕事を台無しにし、自分たちの世界観と矛盾する真実は無視したと言うのだ。

> 元CIAのテロ対策責任者であるヴィンス・カニストラロ氏は「彼らのやり方は悪質だった」と言う。
>
> 「情報の政治利用は常態化し、意図的な偽情報が奨励された。彼らはすべてにおいて最悪のシナリオを選び、情報の多くは偽りであった」。

しかし、カニストラロは引退している。彼の攻撃は、ワシントンの政策立案者の「輪」の中にしっかりと入っているカバルには気にならなかった。しかし、彼らの間でも、イラクで大量破壊兵器が見つからないことが続くと、恐怖心が強まっていた。戦争の影響で、彼らが倒れるかもしれない。その警告は、白黒でそこにあった。トニ

ー・ブレアは「情報」筋を引用して、イラクは化学兵器や生物兵器を命令されてから45分以内に発射できると結論づける公式文書を作成した。これは恐ろしいことで、文書が作成されると戦争の根拠が強まった。しかし、冷静に分析すると、違うことがわかった。イラクは、国連の兵器査察団から見捨てられ、空爆され、侵略され、ついには米英帝国の軍事支配下に置かれた。その間、大量破壊兵器の「ボタン」が押されることはなかった。戦争推進派も反戦派も、いまやその理由を知りたがっている。この謎の故障は説明できるのだろうか、それとも兵器は存在しなかったのだろうか。

米軍がイラクに爆弾とミサイルの雨を降らせる数ヶ月前、国防省はディック・チェイニー副大統領の元会社ハリバートン社と、世界第二位の石油サービス会社にイラクの油田を完全に支配させるという取引を秘密裏に進めていたと、ハリバートンのトップが語っている。さらに、ハリバートン社の機密文書は、イラク戦争がサダム・フセイン大統領の政権打倒よりも、世界第2位の石油埋蔵量を支配することを目的としていたことを証明している。

国防省とケロッグ・ブラウン・アンド・ルート社のハリバートン部門との間のイラクの石油産業の管理に関する契約は、文書によると2002年10月の時点で作成されており、最終的には70億ドルというハリバートンの利益になる額となる可能性があるという。

2003年10月、ハリバートンは数十億円のアスベスト負債を抱え、国内の石油生産の低迷にも悩まされていた。ハリバートンの株価はすぐに反応し、前年の最高値22ドルから2002年10月には12.62ドルまで急落し、倒産に追い込まれるのではないかという噂が流れ始めた。このように考えると、石油産業によって外交政策が指示・統制された帝国アメリカ政府の歴史を考えると、大量破壊兵器という「発明された状況」がなくても、イラクはその膨大な石油資源を支配するためだけに侵攻したと結論づけるのが妥当であろう。

第9章

残忍な帝国主義が働いている

石油産業は、米国を平和と正義の共和国から、建国の父たちの共和国が世界に提供した希望を破壊する世界帝国主義帝国へと変貌させた。共和国の信条は、明らかに非物質的な道徳哲学に基づいていた。しかし、大企業や銀行がアメリカ共和国に反対し、アメリカは強欲で物質主義的で好戦的な、完全な商業主義に徹するようになったのです。

石油産業は、この大きな変化の主な原因であり、政府、民間を問わず様々な評論家から浴びせられるおなじみの誹謗中傷の多くを受けた。

以下の章では、ある極秘グループを調査し、石油産業が間違いなく持っている悪い評判に値するかどうかを立証することを目的としている。その壁を破ろうとする試みをすべて乗り越えてきたのが、この業界である。上院の数々の調査、反トラスト法違反の裁判、そして経験豊富で断固とした態度をとる2人の米国上院議員、故ヘンリー・ジャクソンと故フランク・チャーチの個人的な恨みを乗り越えてきたのです。

カダフィ大佐というただ一人の男が「メジャー」をひっくり返した。リビアの砂漠からやってきた孤独なベドウィンが、「政府の中の政府」である世界有数の石油会社の取締役や役員を狼狽させ-そして驚かせ-
「七人の姉妹」カルテルをひっくり返したのである。しかし、2003年の対イラク戦争をきっかけに、リビアは「光を見る」ように説得され、今では大手石油会社の支配下にある。アメリカが共和国から帝国へと公然と移行したのは、レーガン大統領の時である。レーガン大統領は、ベクテル社のジョージ・シュルツ国務長官、同社社長のキャスパー・ワインバーガー国防長官など、多国籍企業のリーダーで内閣を固めた。カーター大統領が平和を維持しようとしたのに対し、レーガンは好戦的なキャンペーンに乗り出し、後の米国政権の基調となった。

石油産業は、ジョン・D・ロックフェラー（1839〜1937）の名前を抜きにしては語れない。ジョン・D・ロックフェラーとニュージャージー州のスタンダード・オイルは、帝国アメリカの石油産業の代名詞となった。

ロックフェラーとスタンダード・オイルは、裏切り、憎しみ、貪欲の代名詞となった。ジョン・Dは、オハイオ州クリーブランド近郊の農場で厳格なバプテスト派の信仰を受けながら育ったが、彼の息子たちは、父の残した悪いイメージを改善するための措置をとるよりも、伝説を維持しようと努力している。幼い頃から甘いものが大好きで、キャンディーを買っては他の子供たちに売り、利益を得ていた。

ジョン・Dは、常にハードワーカーであった。16歳の時に食料品店で帳簿係として働き、その勤勉さを雇い主はとても喜んでくれた。彼は非常に観察力が鋭く、あらゆるものを見て、何も見逃していないことがわかりました。あの年になっても、感情を表に出すことはなかった。クリーブランドの商社を一手に引き受けるまでになり、1870年にはスタンダード・オイルを設立した。

注目すべきは、ロックフェラーのスタンダード・オイル・トラストの隆盛が、ある意味で外交史の注釈に匹敵するような、証明可能な証拠書類によって検証できることである。ロックフェラー・スタンダード・オイル・トラストは、1870年の設立当初から、その疑わしい取引のために、いくつかの州議会や米国議会から攻撃を受けてきた。

トラストのリーダーたちは、1872年と1876年にも議会の委員会に引っ張り出された。ペンシルベニア州は、1879年にトラストの転覆を図り、その2年前には州際通商委員会への出頭を余儀なくされた。1882年、スタンダード・オイル・トラスト社とオハイオ州の間には、事実上の戦争状態が存在していた。マッキンリー大統領によって産業調査委員会が任命され、19巻の証言が取られた。その間、スタンダード・オイル・トラストは、まるで動かせない岩のように立っていた。民事訴訟も多発したが、無駄だった。

この本を調べていて、世界中の何百万人もの人々が、ロックフェラーという名前と一族の代表的な会社であるスタンダードオイルを嫌っていることに驚かされた。この憎しみは、ロックフェラーがペンシルベニア州の油田に初めて姿を現したときと同じように、2008年の今日も激しく残っている。特に、「ブラックゴールドラッシュ」の最盛期であった1865年にタイタスビルとピットヘッドに集まった開拓者たちの子孫には、その傾向が強い。ロックフェラー一族のトップであるジョン・D・ロックフェラーの「先駆的努力」を暴露した素晴らしい著書で、その人物像と性格に関する内部情報を無尽蔵に提供してくれたアイダ・ターベルに感謝している。

ジョンDのやり方は、セシル・ジョン・ローズ（Cecil John Rhodes）が南アフリカのキンバリーフィールドで、ダイヤモンドの利権を盗んで、一生懸命に働く探鉱者たちから奪った方法と酷似している。二人とも冷酷で、他人の権利に感傷的になることはなく、感情を表に出すことはなかった。

ロックフェラーとその息子たちが自己顕示欲の塊であったとしても、彼らが発表していることは、世界中の自由人の利益になるものではない。ネルソン・ロックフェラー氏は、かつて自分の一族の莫大な財産は偶然の産物だと言ったが、歴史はそうではないと語っている。

ジョン・Dの寡黙さと不誠実さは、秘密主義というパラノイアと、完全な感情の欠如と同様に、息子たちに受け継がれたに違いない。スタンダード・オイル・トラスト社から受け継いだ秘密主義のパラノイアは、メジャー企業が詮索好きな「部外者」を寄せ付けないために自分たちの周りに築いたバリアにも表れている。上院の委員会では、この大手会計事務所が織り成す巧妙な網に絡め取られた委員会がいくつもあった。政府の優秀な調査官や監査官も、プライス・ウォーターハウス社の会計士には全くお手上げ状態だった。ジョン・D翁は、今の電卓よりも早く数を数えることができたという。これは、見本市などで「ガン治療薬」の値段を計算するときに、父親から教わった芸当である。実は、この「治療薬」は、油田から直接採掘された原油を小瓶に詰めただけのものだった。

商売は順調だったが、ジョン・Dは16歳の少女と強制的にセックスをした罪で警察に逮捕されそうになって、命からがら逃げ出さなければならなくなった。ジョン・D翁は、友情を信じず、息子たちに「親しき仲にも礼儀あり」と戒めた。また、息子たちを「体型維持のため」といって、浮気もした。彼の口癖は、「何も言わないが、よく聞く賢いフクロウ」というものだった。古い肖像画には、長く痩せた不機嫌な顔で、人間の感情のかけらもない小さな目をした男が描かれている。

会計士という職業柄、多くを語らないが、会計をきちんとする。こんな厳しい顔をして、寡黙で無愛想な男が、自分が勤めていたクラーク・ブラザーズ製油所のクラーク兄弟を説得して、株を売り渡すことができたのだから、なおさら驚きである。

クラーク兄弟は、ロックフェラーをビジネスに引き入れたことが、とんでもない間違いであったことにすぐに気がついた。数字と計算が得意なジョン・Dは、兄弟に製油所の株を失わせることに成功する。それでも彼は「買収した」と主張するが、クラークス側は「だまされた」と答える。

ジョン・Dが相手を振るのが好きなのは、彼の血筋のせいだとする著者もいるが、彼の父親が「ユダヤ人のように素早くなれ」とよく言っていたのは事実である。バプティストの血を引き、バプティスト教会に通っていたというが、両親が東欧の出身であることから、その可能性は低い。ジョン・Dは人を大切にせず、人を踏みにじり、自分にとって用済みとなった元パートナーたちを追い出した。彼は一人の人間、それも自分自身のことしか考えていなかった。こうしてスタンダード・オイル社は、アメリカで最も秘密主義の大企業となり、その伝統はエクソン社にも受け継がれている。スタンダードはロックされ、バリケードのような、まるで要塞のようなものと表現されています。ジョン・Dは、あまりに人格が損なわれ、誰からも嫌われたため、広報担当者を雇い、税金控除の対象となる「慈善事業」の寄付を惜しまずに、自分のイメージを良くしようと努めた。しかし、アメリカ史上初のPRマンといわれたアイビー・リーの最善の努力にもかかわらず、ジョン・Dが得た憎しみの遺産は、ロックフェラーの名とエクソンに関連して今日に至るまで尾を引いている。

ロックフェラーの「ビッグハンド」は、タイタスビルとピットヘッドの何十万人もの掘削者、探鉱者、リースホルダーを破滅に追いやったのだ。ロックフェラーが嫌がった、価格変動の謎を解こうとする異次元の若者たちである。タイタスビルとピットヘッド周辺は、波乱万丈ではあったが、決して険悪なムードではなく、誰もがフェアに付き合うことができた。

26歳の時、クラーク兄弟の製油所を奪うことに成功し、クリーブランド近郊のオイルシティを支配下に置いたロックフェラーは、新たな征服の道を歩み始めた。

息子のデービッド・ロックフェラーは、父の冷徹さを受け継ぎ、自分を押し通した。デビッドは、そのキャリアの初期に、一族の資産のほとんどを、銀行機密が事実上守られるタックスヘイブン（租税回避地）に移した。ロックフェラー氏は、政府の中の政府のように石油産業を運営し、運良く国際警察・情報システムであるインターポールをも買収したのである。

石油会社は、銀行、鉱山会社、鉄道会社、海運会社、保険会社、投資会社などとつながっていて、業務上、情報交換をしているが、ジョン・D・オールドとその息子たちは、彼が雇った多くの「スパイ」によって、すべての状況を把握することができたのである。

その最も効果的なネットワークは規模と範囲を拡大し、今日ではロックフェラーの情報網から逃れられる国は一つもなく、その規模と予算はしばしば公的情報機関を凌駕している。やるべきことはたくさんあります。彼らはあまりにも大きく、あまりにも強力で、一人の人間が彼らにとって価値のあることをすることはできない」と、タオルを投げてしまうようなことがあってはならないのです。私たち一人ひとりができること、努力しなければならないことがあります。

脱税はジョン・D・ロックフェラーのリストの上位にあり、彼のスパイは、通常「個人的」（賄賂）な情報源を通じて、外国で税法を回避する方法に関する最良の情報をすぐに提供することができた。ロックフェラー家は、税法が厳しければ、自分たちの脱税目的に合うように税法を変更させただけである。このバチルスを石油業界に植え付けたことが、アメリカの石油依存の呪縛を引き起こし、アメリカの生産者を忘却の彼方へ追いやったのである。

また、アメリカが帝国主義国家となり、石油の産出が確認されている国々を支配しようとした主な理由でもある。ロックフェラー家にとっては、もう一つの利点があった。それは、「メジャー」という悪循環の外にいる競争相手を、ジョン・Dがその昔よくやったように、ダイナマイトを使うことなく排除することができたのである。

最終的にはどうなったのでしょうか？確かに、アメリカの消費者にはますます高い値段で、大手石油会社には利益が増える。EXXON(スタンダード)は莫大な利益を上げ、今も上げている。例えば、1972年、私たちはこの年を、石油産業があげた利益の平均値（中央値）であり、私たち消費者が石油産業によって著しく搾取されているという点を強調するために、単独の年を取り上げたわけではありませんが、エクソンはこの年3兆7000億ドルを稼ぎましたが、アメリカの税金はわずか6.5%しか払っていません。これはアメリカの消費者にとってフェアなことでしょうか？私たちは、それが公平、公正、合理的とは考えていません。

しかし、エクソンの単年度の利益を見てみると、1972年を例にとると、その利益は、石油開発にほとんど再投資されている。エクソンは第3四半期だけで2500億円の利益を上げたが、この巨額の利益のうちどれだけが会社に再投資されたのか、アメリカ国民に何らかの利益をもたらしたのか、まったく明らかにされていない。1973年はキッシンジャーとロックフェラーが引き起こしたアラブ・イスラエル戦争の年であり、その出来事について現在わかっていることと、キッシンジャーがデビッド・ロックフェラーとの密接な関係を通じてその実現に努めたことを考えれば、議会はとっくにこの取り決めを調査していると考えるだろう。キッシンジャーとロックフェラーは、キッシンジャーの右腕で信頼できるアシスタントであるヘルムート・ゾンネンフェルトによる「バンブルグ・ファイル」がドイツで発見されて以来、シャム双生児のような関係になっている。

そこで生じるのが、この疑問です。エクソンは、アラブ・イスラエル戦争が迫っていることを知っていたのか、そして、その情報からどれだけの利益を得たのか。そうした「内部情報」は、ロックフェラーの私兵である世界中の情報将校が、エクソンのニューヨーク本社にある「ロジスティックス、情報通信システム」という石油産業の本部からコントロールしていたはずである。

ロックフェラー家の情報資産は、国際刑事警察機構（INTERPOL）だけではありません。ワシントンD.C.にある連邦政府の敷地から、合衆国憲法を完全に無視し、国の最高法規である憲法と権利章典に違反して違法に運営されています。インターポールは米国で活動すべきではない。しかし、議会はロックフェラー家のような大きくて強力な怪物を相手にするのを恐れているのだ。このような不穏な状況が続いているのは、INTERPOLをワシントンに置いておくために金が動いているのではないかという疑問を抱かせる。

議会は、CIAに組み込まれたいわゆる「銀行家一派」を調査するための調査委員会を必要としている。この種の作戦は違法に私たちの外交政策に影響を与え、しばしば私たちの日常生活にも影響を及ぼす。こうした組織や団体が戦争を望むとき、私たちの息子や娘を戦場に送り出す。ブッシュの湾岸戦争は、まさにその好例である。ロックフェラー王朝は、帝国の石油政策集団のバックボーンである。ジョン・D・ロックフェラーによって麦の間に蒔かれた雑草が成熟し、かつて偉大だったこの国の人々の生命である麦を窒息させようとしているのである。ジョン・D・オールドは、早くからスパイビジネスの価値を学び、最初の仲間の一人であったチャールズ・プラットからその指導を受けた。現在、アメリカを動かしているハイレベルなパラレル秘密政府、外交問題評議会（CFR）は、プラットのアイデアである。

ニューヨークのプラット・マンションは、後にCFRの本部となったが、これは偶然ではない。ジョン・Dの存在は、その冷酷な手法が賞賛され、エクソンをはじめとする大企業に広く採用され、今日ではアメリカの石油産業が、アメリカを含む世界中の政府に対して指図できるまでになった。

海外で活動する大手石油会社が米国の外交政策に口を出し、指示を与えていること、そしてこれらの会社が合体して米国政府内に事実上の政府を形成していることは、十分な証拠がある。エクソンは、すべての石油資源を支配しようとする帝国主義の攻撃の紛れもないリーダーであり、イランほどその傾向が強いところはない。

第10章

モサデグ博士、カルテルと闘う

1950年以降、アメリカとイギリスのアングロ・ペルシャン・オイルは、第一次世界大戦後のイランの石油を掌握しており、その間の「連合国」の行いはトラブルの臭いがしていた。戦争中のイランへの侵攻と占領は、最も薄弱な理由で、もっと綿密に検討される必要がある。連合国」がイランに入国した直後、国王は息子のモハメド・レザー・パフレヴィに譲位させられた。彼は、イラン・コンソーシアム、イラク石油会社、ARAMCOが課す独裁に同調していた。イギリスといわゆる「キリスト教国」であるアメリカの歴史の中で、最も恥ずべきエピソードの一つは、この時期に何万人ものイラン人が餓死したことである。

10万人のロシア兵（ウィンストン・チャーチルの招きで出席）と7万人の米英軍からなる連合軍占領軍は、餓死するイラン人の不利益になる占領軍による食糧徴発を何も阻止しなかったのである。米英軍が傍観している間に腸チフスが蔓延し、さらに数千人の死者が出た。飢えや病気で死ななかった人たちは、重油が手に入らない凍てつく冬に凍え死んでしまった。

占領者は、国内のさまざまな派閥間の対立を作り出し、維持するために働いており、イラン政府を弾圧し、完全に抑圧しているのです。イラン政府は、米国が人道的配慮に敏感なキリスト教国であることを信じながら、ワシントンに必死の訴えをしたのである。1942年、ワシントンはM・ノーマン・シュワルツコフ将軍をイランに送り込み、状況を報告させた。(1991年、彼の息子は「砂漠の嵐」の司令官としてイラク戦争に派遣された）。彼は1948年までイランに滞在し、主にイランがどのように様々な政府部門や情報機関を運営しているかを直接知るために、イランに滞在した。シュワルツコフの任務は、イラン人を助けるどころか、将来のためにイランのインフラに関する情報をできるだけ多く入手することであり、それはシャーを打倒する運動が始まったときに起こったことであった。しかし、1944年12月、モサデグという聡明で教養と経験のある政治家が、外国との石油交渉を一切禁止する法案を議会に提出し、米英露によるイラン産石油の衝撃的な窃盗に終止符を打ったのである。

1882年5月19日、バクティアリ人の財務大臣とグジャレ人の王女の間に生まれたモサデグは、パリで科学を学び、スイスの名門ヌーシャテル大学で博士号を取得した。1920年、モサデグ博士は、アフマド・シャー・カジャールによってファールス州総督に任命され、シャーから「モサデグ・オス・サルタンキ」の称号を与えられて政界入りした。1921年に大蔵大臣に任命された後、イラン国会議員に選出され、レザー・ハーンがレザー・シャー・パーラヴィーに選ばれたことに反対票を投じ、レザー・シャー・パーラヴィーになった。1944年、モサデグは再び国会議員に任命され、自らが創設者である非常に愛国的で民族主義的な運動、イラン国民戦線のメンバーとして出馬した。この組織の目的は、第二次世界大戦後のイランにおけるすべての外国人の存在を終わらせ、イランの石油の搾取を止めることだった。モサデグは、イラン産原油の値上げ法案への支持を得るため、占領軍によるイラン分割案を明らかにし、それを裏付けるような1944年11月2日付の*『タイムズ』紙の記事を引用した。*

苦闘の末、1948年に国連に持ち込まれ、外国軍の全面撤退という闘いに発展した。イランは、イランの国益を優先して英国の利益を覆すという重大な罪を犯したのだ。モサデグは国民の敵となり、タヴィストック研究所は、彼を失脚させる計画を立てた。アメリカ、イギリス、ロシアのイラン占領は終わりつつあったが、イランの石油を支配し、1919年以来イラン政府を動かしてきたアングロ・イラン石油会社（主にイギリス）がまだ残っていたのだ。1947年、モサデグ博士は、イランの石油販売収入の取り分を増やすよう求める提案書をロンドンに提出した。アングロ・イラニアン・オイル・カンパニーは1948年に3億2000万ドルの利益を上げ、そのうちイラン人はなんと3800万ドルも受け取っている。モサデグ博士は、旧協定の条件を再交渉するよう要求した。タヴィストック研究所とBBCは、モサデフとイラン政府に対する嘘偽りのないプロパガンダを次々と放送し、彼に対する最も悪質な攻撃を開始した。このキャンペーンには、CIAとアメリカのホイザー将軍が協力した。モサデグの2年間の任期が終わる2カ月前、英米の情報機関は、モサデグのとげを取り除くために、彼がやろうとするすべての動きに次々と障害物を置いていったのだ。

英米のカルテルは、CIAやMI6の監視の下、クウェート、サウジアラビア、カタール、アラブ首長国連邦、バーレーン、オマーンに傀儡政権を簡単に設置したため、反対には慣れていない。このことは、東インド会社（300人委員会の前身）とセブン・シスターズ石油カルテルとの著しい類似性を思い起こさせる。1600年、エリザベス1世の時代に勅許を受けた東インド会社は、スチュアート王チャールズ2世から2度目の勅許を受け、戦争、平和、あらゆる国との貿易を行う権利を得た。1662年、スチュアート王であったジェームズ1世は、有限会社にすることを許可した。石油産業も、それほど正式なものではないが、同じような構造になっている。イギリスは、1948年の間、ロンドンから何の譲歩も得ずに足を引っ張った。一方、英米の情報機関は、シュワルツコフ将軍の情報をもとに、1949年の国政選挙に向けて、イラン国民の間に不穏と不満を広げ、政府を弱体化させようとした。モサデグ博士が率いる小さな国民戦線は、イギリスやアメリカが議席を獲得する可能性は低いと考えて選挙に臨んだが、6議席を獲得して議会の議席を獲得し、イギリスやアメリカを驚かせた。さらに悪いことに、彼らの敵が、英米間の石油取引を調査する議会委員会のトップに任命された。モサデグは直ちに、英イラン石油会社とイラン政府が同等のシェアを持ち、イランが石油会社の業務に全面的に参加することを要求した。

1951年4月、モサデグ博士が民主的に首相に選出され、政府樹立に招かれるまで、米国の支援を受けた英国はすべての提案を拒否し、イランは混乱状態に陥った。モサデグはロシアのためにイランの石油を確保しようとする共産主義者である」という誹謗中傷が飛び交った。イギリスの新聞は、彼を「狡猾な狂人」などと呼んだ。もちろん、このようなありがたい告発は事実ではありません。モサデグ博士は、真のイランの愛国者であり、自分のためには何もしようとせず、イランの人々を英イラン石油会社（後のブリティッシュ・ペトロリアム）の強欲な支配から解放することだけを目的としていた。イラン議会は、モサデグ博士の提案したアングロ・イラニアン・オイル・カンパニーを国有化し、長年にわたってイラン国民を搾取してきた英国に正当な補償を行うことを決議した。その内容は、それまでイギリスが享受してきた石油供給と同レベルのもので、イランの石油産業で働くイギリス人の雇用は維持されるというものだった。1951年4月28日、イギリスにとって絶対的に公平なこの勧告は、正式に承認された。

イギリスの対応は、アメリカに助けを求め、世界最大の石油精製工場があるアバダン近海に軍艦を派遣することだった。1951年9月、イランの内政に干渉する権利のない英米は、イランに対する全面的な経済制裁を宣言し、彼らの軍艦がアバダン近海を封鎖した。このような戦争行為を通じて、アメリカはイギリスを帝国主義の一国として全面的に支援することを保証し、CIAが誘発した混乱によってそれをバックアップした。

これは、イギリスが過去に帝国戦争を経験し、最近ではアメリカとの関係もあり、また、イギリス政府（ウィンザー家）がアングロ・イラニアン株の53%を保有していたことを考えると、予想外のことであった。国際法上、イラン政府が提案し、イラン議会が承認した措置を取る権利はイランにあったが、海軍部隊の到着を待って、次の脅威は英国空挺部隊によるアバダンの占領であった。イランに沿ったソ連の軍事介入を恐れて、英米は軍事オプションの行使を見送ったのだろう。CIAは、テディ・ルーズベルトの孫であるカーミット・ルーズベルトを通じて、多くの有力な銀行や経済機関に潜入し、国内で非常に活発に活動していたのである。イラン産の石油の買い手は、報復を受けると不躾に脅され、怯えた。これが、世界が知る限り最も専制的な2つの国の振る舞いである。ボイコットの影響で、イランの経済は荒廃し、石油収入は1951年の4000万ドルから1952年初めには200万ドル以下に落ち込んだ。モサデグは、イラン国王のパーレビと同様、アメリカの石油カルテルやBPの権力や影響力を全く知らなかった。モサデグは裕福な家庭に生まれ、才能ある政治家であったが、パジャマ姿でテヘランを走り回り、感情を爆発させる愚かな小男として世界中に描かれた。アメリカとイギリスの既成のマスコミは、タヴィストックに支配されたプログラムの中で、モサデグを組織的に否定し、嘲笑した。モサデグの唯一の罪は、イラン石油に対するメジャーの支配を解こうとし、彼らの帝国主義石油政策にあえて挑戦しようとしたことだった。

1953年、モサデグ博士がワシントンを訪れ、援助を求めたが、失敗に終わった。その代わりに、アイゼンハワー大統領は、W・アヴリル・ハリマンがチームを率いてテヘランに行き、「状況を報告する」よう提案した。ハリマンのチームには、CIAのアレン・ダレス、国務長官で長年「300人」に仕えたジョン・フォスター・ダレス、それにシュワルツコフ将軍がいた。

1951年、モサデグ政権打倒のための共同作戦が「AJAX」のコードネームで計画され、アイゼンハワー大統領の署名を得た。ここで立ち止まって、イランは米国に何も悪いことをしていないのに、マフィアの最悪の犯罪者集団にふさわしいやり方で報いを受けていることを指摘しなければならない。一方、イギリスは、その卑劣な事件を世界法廷での仲裁に持ち込んだ。フランスとスイスで教育を受けたモサデグ博士は、国を代表して主張を展開し、世界裁判所が英国に不利な判決を下すことに成功した。英国がイラン政府を崩壊させようとしたのは、これが初めてではない。ウィンストン・チャーチルは、冷酷な前任者アルフレッド・ミルナー卿のように、悪名高い帝国主義者だった。彼は、英ボーア戦争（1899-1902）でイギリスと勇敢に戦った、尊敬すべきボーアの指導者たちを追放した。チャーチルはレザー・シャーの逮捕と国外追放を命じ、最初はモーリシャスへ、次に南アフリカへ亡命し、そこで死亡した。

ウィンストン・チャーチルの罪は数え切れない。ボーア人は、南アフリカのトランスバール共和国とオレンジ自由国共和国の地下に眠る金とダイヤモンドを奪おうとするロスチャイルド寡頭政治に対して、素晴らしいキャンペーンを展開した。イギリスの損失が許容できないレベルに達すると、ミルナーはボーア人の農場を焼き払い、家畜を屠殺し、ボーア人の女性と子供を強制収容所に送り込み、2万7千人が赤痢と栄養失調で死亡するという手段に訴えた。パウル・クリューガー社長はスイスに亡命し、そこで死去した。だから、チャーチルがイランに暴力を振るうことに何のためらいもないのは容易に理解できる。彼の行動を裏付ける前例がたくさんあったのだ。チャーチルは、イラクの石油をイギリスのために確保することを決意し、その後、彼を有名にすることになる、大言壮語、風流、熱風の宣言的広報演説の一つを行った。

> 私たち（＝英国政府と提携していたBPを含む大手石油会社）は、亡命中の独裁者を排除し、一連の重大な改革と賠償に取り組む憲法制定政府を設置しました。

英国の独裁者が、英国の侵略から祖国を守る勇気を示したレザー・シャーを中傷した、このような偽善とあからさまな嘘にはかなわない。しかし、歴史上の大詐欺師の代名詞となるであろうチャーチルには、大きな後光が差しているので、彼はそれをやりすごした。米国と同様、ブリティッシュ・ペトロリアムは、合法的な行為であろうとなかろうと、合法的な英国政府をその要求に従わせることができたのだ。メジャーによる外交政策の簒奪はとどまるところを知らず、ウィルソン大統領以来、すべてのアメリカ大統領は、この巻きつきコブラの下僕となっている。これが、世界中の油田を手に入れようとするアメリカ帝国主義の始まりであった。国際的な嘲笑にもめげず、また世界法廷での勝利にもめげず、モサデグ博士はイランの石油を国有化する計画を続行した。

ロックフェラーは、モサデグに個人的に深く反感を持っていたと言われ、他の大手石油会社とも連携して、石油ボイコットを実施した。

イランの石油を積んだ国際法と商業基準に則った石油タンカー「ローズマリー号」が封鎖を回避しようとしたとき、チャーチルは空軍機に命じてこれを攻撃し、イギリスの保護領であるアデンで停止させるよう強制した。イギリスの行動を正当化する法律は全くなく、チャーチルは自分が国際法を無視した帝国主義国家のリーダーであることを改めて示したのである。このあからさまな海賊行為は、セブン・シスターズとアメリカ国務省の全面的な支持を受けていた。

世界中の石油会社の監視を担当しているロンドンの同僚によると、チャーチルが空軍にイラン爆撃を命令するのを阻止するのに議会は大変苦労したそうだ。イランの人々が石油収入の喪失によって大きな被害を受けた1年が経過した。1955年、モサデグ首相はアイゼンハワー大統領に手紙を出し、自国の石油産業との闘いに協力を求めた。アイゼンハワーは、常にCFRの操り人形であり、イランの指導者をわざと待たせて、反応を見させた。この作戦は、モサデグ博士を怯えさせるという効果を発揮した。最後にアイゼンハワーが対応すると、イラン政府に対して「国際的な義務」を果たし、石油操業をロイヤル・ダッチ・シェルに譲り渡せと言ったのですアイゼンハワーが唱えた「国際的な義務」は明記されていない。

このことは、石油業界の権力と帝国アメリカの秘密並行組織CFR政府について、何かを教えてくれるはずです。それでも私たちは、自分たちの政府が立派であり、自由な国民であるとあえて考えているのです。その証拠に、アメリカはCIAに所属していたカーミット・ルーズベルトをイランに送り込み、トラブルを起こし、国民の不安を煽った。1600年に東インド会社に与えられた憲章に基づき、東インド会社は外交政策と各国に対する戦争を行うことができた。東インド会社の後継者である300人委員会は、国際通貨基金（IMF）や世界銀行などの組織を利用して、ルーズベルトの汚い仕事に資金提供し、彼が直接米国と結びつかないようにCIAを庇護したのである。

CIA内の銀行家の派閥の要請で、国王はモサデグを解任すれば、英米との「正常な関係」が再開されるからいいことだと言われた。ルーズベルトは、イラン政府内の王党派の力を借りてクーデターを起こし、モサデグ博士を逮捕した。モサデグは、英米帝国主義による2年間の公開経済戦争で影響力を失いつつあったのである。その後、CIAは若き日のレザー・シャー・パフレヴィを支援して政権を獲得し、経済制裁は解除された。またしても、石油会社の政策によって、イギリスとアメリカの政府は、自分たちに何の害もない主権国家に対して戦争行為に及んでしまったのである。イランのナショナリズムに勝利したのだ。アングロ・ボーア戦争の出来事の繰り返し、事実上のカーボンコピーであった。

その後、国王はモサデグを排除しようとしたが失敗し、ルーズベルト、CIA、国務省は、革命軍を装備してイラン軍と戦わせることになった。暗殺を恐れた国王は国外に逃亡し、CIA主導のクーデターが成功した。モサデグは倒され、自宅軟禁となり、そのまま生涯を閉じた。

国王はイランに帰ることを許され、帝国の主君に従う限り安全だと言われた。1970年、この違法な事業がアメリカの納税者にもたらしたコストは10億ドル以上であった。この裏切りによって利益を得たのは、7つの姉妹からなる石油カルテルと、それを可能にした金で雇われた操り人形たちだけである。

当時は知らなかったが、国王はモサデフと同じ運命を、石油会社、英米の政府高官、CIAからなる帝国主義徒党の手によって辿ることになる。その後、他の国も石油カルテルの政府への鞭打ちに悩まされることになった。

第11章

エンリコ・マッテイ、「セブン・シスターズ」カルテルに挑む

そんな国のひとつがイタリアです。第二次世界大戦と領土侵犯により、イタリアは事実上、廃墟と化していた。エンリコ・マッテイ氏が率いるAlienda Generale Italiana Petroli "AGIP "をはじめ、多くの国有企業が設立されていたが、その解体を命じられたのである。しかし、七人姉妹（セッテ・ソレーレ）が牛耳る石油独裁組織の存在を初めて認めたマッテイは、カルテルと公然と対立していたのだ。AGIPを閉鎖するのではなく、改革・強化し、社名を「Ente Nazionale Idrocarburi（ENI）」に変更した。マッテイは、イタリアを「七人姉妹」の支配から解放するための石油開発計画やソ連との契約を打ち出し、ソ連が悔しがるほど、マッテイは成功しはじめた。

エンリコ・マッテイは、1906年4月29日に、イタリア軍で警察を担当するカラビニエーレの息子として生まれた。24歳の時、ミラノに行き、パルチザンに参加した。1945年、パルチザンの政治委員会から、国営石油会社AGIPのトップに任命され、閉鎖を命じられた。しかし、マッティーはその命令を無視することを選び、その代わりに戦後のイタリアで最も顕著な経済的成功のひとつとなるよう、その事業を拡大した。

1953年、マッテイは第二のエネルギー会社「ENI」を設立し、エジプトとの取引を成功させ、1961年にはエジプトから250万トンの原油を輸入するまでになったのである。1957年、マッティーはイラン産原油の独占に果敢に挑み、国王に直談判した。そして、マッテイと国王の間で合意された条件に基づいて、イラン国営石油会社とENIのパートナーシップが締結され、75%がイラン、25%がENIとなり、ENIの姉妹会社であるSocietà Iraniano-Italiana delle
Petrole（SIRIP）に25年間の独占契約が与えられ、8800平方マイルの既知の石油ビレーを探査・掘削することができるようになりました。

マッティーは、チュニジア、モロッコと対等な立場で石油取引を成立させ、七人姉妹を驚かせた。中国、イランと協定を結んだマッテイは、「アメリカの石油独占は過去のものだ」と宣言した。英米の反応は速かった。代表団が国王に会い、マッテイの契約に対して強く抗議した。しかし、この代表団の意見は、注目はされたものの、何の効果もなかった。1957年8月、マッテイはイタリアのアウトサイダーをイランに招き入れる契約を結んだ。イタリアの実業家が、自分の意見を言ったのだ。今後は、中東全域に大規模なインフラを整備し、中東を工業国ヨーロッパの一部にしようと考えている。

マッテイは、今でいう「扇動者」だった。契約締結からわずか4年後、最初のENIタンカーが1万8000トンのイラン産原油を積んでバーリ港に入港したのである。この成功をもとに、マッティーはアフリカやアジアの石油埋蔵国を回り、同様の取引を成立させた。

英米の石油カルテルを最も怒らせたのは、ENIが油田のある国に製油所を建設し、現地資本の完全なパートナーにすることを提案したことだった。ENIの見返りは、独占的なエンジニアリングおよび技術支援契約と、ENIが原油と最終製品を世界中で販売する独占的な権利であった。

ロンドンとニューヨークから見守る7姉妹は、侵入者であるENIの成功に驚きと怒りを覚えた。

1960年10月、マッティーがモスクワに行き、ロシア政府と石油の相互利権について話し合った時、事態は大きく動いた。ロシアのパトリーチェフ貿易相とマッテイ氏の話し合いで明らかになったことは、「七人姉妹」を唖然とさせ、大西洋に警鐘を鳴らすものであった。1956年10月11日、ENIとモスクワの間で次のような協定が結ばれ、石油カルテルが最も恐れていたことが現実のものとなった。

- ENIは、今後5年間にわたり年間240万トンのロシア産原油の納入を保証する代わりに、欧州市場におけるロシア産原油のシェアを大幅に拡大することを手に入れました。
- 石油の代金は現金ではなく、大口径の石油パイプの納入を保証するという形で、ロシアの石油をヴォルガ・ウラルから東欧に運ぶ広大なパイプラインの建設に充てるのだ。
- 完成すると、毎年15トンの原油が、さまざまな食料品や製造品、サービスと交換される契約となった。
- この大口径パイプは、イタリア政府の監督の下、フィンジダーグループがタラントで建設し、年間200万トンのペースでロシアに輸送される予定である。(工場は記録的な速さで建設され、1962年9月には早くもパイプを生産するようになったという驚くべき成果である）。

ロシアとの取引は、マッテイにとって大きな勝利であった。黒海の港に停泊中の船上で、1バレル当たり1.59ドルにクウェートの運賃0.69ドル、スタンダードオイルの2.75ドルに比べ、1ドルで、ロシアの原油を買えるようになったのである。これまでにも何度もあったように、セブン・シスターズの独占への脅威を公正な手段で回避できない場合、非道徳的な手段がとられたのである。

1962年初め、マッテイの乗った飛行機が妨害された。しかし、被害が出る前に飛行機への妨害が発覚し、CIAに疑いがかかってしまった。1962年10月27日、シチリア島からミラノに向かう飛行中にジェット機がロンバルディア州の小さな村バスカペに墜落したのである。パイロットのイネリオ・ベルトゥッツィ、アメリカ人ジャーナリストのウィリアム・マクヘイル、そしてマッテイの3人が犠牲になった。しかし、この事故の調査は、石油会社、特にアメリカにシンパシーを持つアンドレオッティ国防相の責任で行われたため、正式な調査は遅々として進まなかった。

2001年、ベルナルド・プレッチンガーとカルス・ブレデンブロックは、テレビのドキュメンタリー番組で、マッテイ墜落現場の証拠は直ちに破壊されたと主張した。飛行計器は、酸浴で溶かされた。このドキュメンタリーが放映された後、マッテイとベルトゥッツィの遺体は掘り起こされた。2人の骨には、船内の爆発でできた金属片が刺さっているのが見つかった。マッテイのジェット機に爆弾が仕掛けられ、着陸装置が「下降」したときに爆発するようになっていたというのが、非公式ながら一般的な評決である。

証明はされていないが、最も強力な状況証拠と他の証拠は、CIA、特に当時ローマにいたCIA支局長、トーマス・カラメシンズ1名を直接示している。彼は、まさにロンバルディアでマッテイの飛行機事故があった1962年10月17日に突然オフィスを出て、二度と戻ってこなかった。突然の退社に何の説明もない。CIAの報告書は公開されることなく、今日まで「国家安全保障のため」という理由で機密扱いにされている。情報公開請求はすべて拒否されました。

この「未解決の謎」には、あとがきがある。飛行機が墜落して命を落としたとき、マッテイはアメリカのジョン・F・ケネディ大統領に会う予定だった。石油カルテルは、ケネディが不信感を抱き、密かに嫌っていたことで知られ、特にCIAとは密接な関係にあり、ケネディは長い間悩まされていた。ケネディが、CIAをアメリカ国家の癌と見なしていたことは、側近の間ではよく知られていた。ケネディは、もしアメリカ政府がクーデターによって倒されることがあれば、それはCIAが主導することだと考えていたのである。

そのわずか1年後、ケネディも同じようにアメリカ情報機関の陰謀の犠牲となる。これに、エンリコ・マッテイの話、米英の石油利権の名の下に行われたメキシコの残忍なレイプ、イランとイラクに加えられた無数の被害、そして石油会社の歴史のページを汚す貪欲、欲望、権力欲の最も悲劇的な物語があるのだ。石油会社が振るう権力は、あらゆる政府、国境を越えており、政府を倒し、国の指導者を弱体化させ、殺害さえしている。米国の納税者は何十億ドルも負担しており、まだ終わりが見えていないのです。

石油は新しい世界経済秩序の基盤であり、石油会社以外にはほとんど知られていない少数の人々が権力を握っているようだ。ジョン・D・ロックフェラーは、すぐに利益と権力の可能性を見いだし、そのチャンスをつかんだのだ。たとえ、その権力が何千もの小さな石油会社や何千人もの命を犠牲にして達成されたものであったとしても。

これまでにも何度か「Seven Sisters」に触れてきました。このグループを知らない人のために説明すると、英米の7大石油会社のことで、両国の外交政策の形成に責任を負っている。カルテルを構成する石油会社は、実はアメリカの最高裁によるスタンダード・オイルのいわゆる「解体」の後に始まった。7人姉妹」という名前を作ったのは、エンリコ・マッテイである。彼らの強力な影響力は、2008年現在でも感じられる。

スタンダード・オイル・オブ・ニューヨークはバキューム・オイルと合併してソコニー・バキュームとなり、1966年にモビロイルとなり、スタンダード・オイル・インディアナはスタンダード・オイル・ネブラスカとスタンダード・オイル・オブ・カンザスに加わり、1985年にアコモとなった。1972年、スタンダード・オイル・ニュージャージー社は、エクソン社になった。

1984年、スタンダード・オイル・カリフォルニアはスタンダード・オイル・ケンタッキーと合流してシェブロンとなり、その後、メロンが所有していたガルフ・オイル・カンパニーを買収した。スタンダード・オイル・オハイオがBPに買収された。1990年、BPは旧スタンダード・インディアナを買収し、BP-AMOCOとなった。1999年、EXXONとMobilは750億ドルで合併し、EXXON-Mobilが誕生した。2000年、シェブロンはテキサコと合併し、シェブロン・テキサコとなった。

エクソン（欧州ではESSOと呼ばれる）、シェル、BP、ガルフオイル、テキサコ、モービル、シェブロンは、銀行、証券会社、情報機関、鉱山、精製、航空宇宙、銀行、石油化学会社からなるグローバルチェーンの一部で、そのメンバーは「オリンピック選手」とも呼ばれる300人の委員会のバックボーンを形成しています。彼らは、ロシアと現在のベネズエラを除いて、原油生産、精製、輸送を支配しています。石油カルテルの利益の75%は、精製、貯蔵、海運、プラスチック、石油化学などの「川下」ビジネスによるものだと言われている。

カルテルが所有・支配する世界第2位の製油所は、シンガポールのプラウ・ブコムとジュロンにある。シェルはアルバ島に世界最大の製油所コンプレックスを有しています。この巨大施設の建設により、ベネズエラ産原油の重要性が浮き彫りになった。また、アルバには非常に大きなモービル社の製油所があります。

1991年当時、エクソンの利益の60%は、いわゆる「川下」の事業によるものであると言われていた。1990年には、アライドシグナル社のプラスチック部門を買収し、同時にモンサント社、ダウ・ケミカルズ社と熱可塑性樹脂・エラストマー分野での契約を締結しました。ガソリンの主な小売業者は、EXXONとChevron-Texacoです。ロイヤル・ダッチ・シェルが保有するタンカーは114隻で最も多い。全世界で133,000人の従業員が働いています。シェルの資産は2,000億ドルと推定される。

また、モーターオイル、トランスミッションオイル、潤滑油の生産量が他のどの「メジャー」よりも多いEXXON Mobilも「川下」の利益生産者である。世界200カ国以上で活動し、アラスカ沖のボーフォート海では "単独"で活動しています。イエメン、オマーン、チャドに広大な土地を所有しており、その総面積は2,000万エーカー以上と言われている。この投資は、いつものように、石油供給の将来についてのものです。EXXONは精錬の秘密を国家機密として管理しており、実際、精錬の大部分を行うバーレーンでは、アメリカ海軍第5艦隊の軍艦が警備に当たっている。サウジアラビアでさえも、そのような機密を入手することはできない。500以上ある既存の製油所のうち、ペルシャ湾諸国にあるのは16カ所だけだ。

CHAPTER 12

王牌

300人委員会の旗艦石油会社の中で圧倒的に大きいのは、英蘭系のロイヤル・ダッチ・シェル（Het Koninklijke Nederlandse
Shell）である。世界最大級のエネルギー企業であり、300人委員会の旗艦企業でもある。大株主は、オランダのウィンザー家およびオレンジ家です。株主は1万4千人といわれ、エリザベス女王（ウィンザー家の代表）、ジュリアナ女王（オレンジ家の代表）、ビクター・ロスチャイルド卿が大株主である。私たちが知る限り、取締役はいないが、CEOはイェルーン・ヴァン・デル・ヴェール、会長はヨルマ・オリラで、ともにオランダの実業家である。

石油・ガスの探鉱、輸送、マーケティングを中核事業とし、石油化学分野でも大きな存在感を示しています。2005年の年間売上高は3,060億米ドルで、世界第3位の企業である。1901年、ウィリアム・ノックス・ダーシーがイランでの石油探査の利権を獲得して以来、同社は長い道のりを歩んできたのである。

連邦準備銀行のように、シェルの筆頭株主が誰なのか、誰も本当のところは知らない。1972年には、アメリカ上院が30人の大株主のリストを開示するよう、一度は強制したことがある。この問い合わせは、リー・メトカーフ上院議員の手に渡ったのだが、彼の要求はきっぱりと拒

否された。メッセージ：300人委員会の邪魔をしようとするな。エリート主義の新世界秩序-
石油の発見とその利用によって権力を得た世界政府は、政府、指導者、首長、私人、大小国家の元首など、誰からの干渉も許さない。世界はとっくに、七つの姉妹カルテルが強欲な手でしっかりと石油を支配し、世界中の原油の需給をコントロールし続けていることに気づいているのだ。

超国家的な石油メジャーは、その専門知識と会計処理方法によって、世界政府、徴税人、会計士などの優れた頭脳を困惑させ、七つの姉妹を普通の政府の手に負えなくしてしまったのである。セブン・シスターズの歴史は、こうした賊が国家陣営に入るやいなや、政府が常に主権と天然資源を小分けにする用意があることを示している。ジョン・Dは、アメリカ国民が今日まで何も知らないクローズド・ショップ、国際クラブ、その秘密取引、国際的陰謀を心から認めていたはずである。

ニューヨーク、ロンドン、チューリッヒにある秘密の隠れ家で、全権を持つ指導者たちが集まり、世界中の戦争を計画・立案している。2008年の彼らは、19世紀に彼らの活動が始まって以来、いつの時代よりもはるかに強力になっている。300人委員会」のメンバーも同じで、そのほとんどがイルミナティのメンバーであり、古くからの有名な信じられないほど裕福な家系が、その権力に歓喜しているのだ。どの政府が消え、どの政治家が倒れるべきかを決めるのは彼らである。

モサデグ博士のイラン石油の国有化のように、現実の問題が彼らの秘密のドアをノックしたとき、彼らは常に報復の準備ができており、買収できない場合は、問題のある人を「無力化」することができた。モサデグ危機が勃発した時、問題を抱えた国の右派に訴え、その力を示し、買収できない者を恫喝したのである。陸海空軍や政府関係者を呼んで、害虫を駆除するくらいである。ハエを叩くのと同じように難しいことではありません。七卿は、東インド会社のような「政府の中の政府」となり、長い間、誰もそれを追い出そうとはしなかった。

英国のアラブ政策を知りたければ、BPやシェルに相談すればよい。アメリカの中東政策を知りたければ、同様に、EXXON、ARAMCO、Mobilなどを見ればいいのである。ARAMCOは、米国の対サウジアラビア政策の代名詞のような存在になっている。ニュージャージー州のスタンダード・オイル社が国務省を運営することになるとは、誰が想像できただろう。他の企業や団体が、何十億ドルもの巨額の特別減税を享受していることを、誰が想像できるだろうか。石油産業カルテルのメンバーほど優遇されている集団がかつてあっただろうか。

かつては期待に満ち、安価なガソリンを供給し続けることができた米国の石油産業が、なぜこれほどまでに衰退し、ガソリン価格が全体の需給に不釣り合いに上昇したのか、という質問をよく受けることがある。その答えは、石油カルテル「セブンシスター」の強欲さである。セブン・シスターズの強欲さには、どんな組織や企業もかなわない。

その一つであるエクソンは、2008年第1四半期に84億ドルという過去最高の利益を上げながら、さらに大きな譲歩と税制優遇を要求し、それを受けている。ガソリン価格の引き下げという形で消費者に還元されることは1円もなかった。

モービル、エクソン、ガルフ・オイルの法外な利益によって、アメリカ国民は利益を得たのだろうか？その根拠はない。憲法修正第17条のおかげで上院議員や下院議員を売り買いできるようになったワシントンでの工作のおかげで、石油会社はその法外な利益を国内市場でのガソリン価格の引き下げや、アメリカ本土での石油探査・掘削にまったく還元してこなかった。きれいごとではなく、議会が悪いのです。

修正第17条は、第1条の第3節と第4節を変更し、州民が上院議員を選べなくなったことに関係している。これによって、上院議員は投票によって選ばれることになり、選挙資金が濫用される可能性もあり、パンドラの箱を開けたようなものであった。

このような状態を許している私たち国民にも責任はあります。アメリカの消費者は常にガソリン価格の上昇に直面している。一方、セブン・シスターズの財源はますます大きくなり、石油産業はアメリカ人から金を巻き上げるために価格操作やあらゆる種類のごまかしに従事し、アメリカ人は横になって石油産業が自分たちを轢き殺すのを見守っている。いずれにしても、石油業界は、ジョン・D・ロックフェラーの理念と戒律から決して外れていないと結論付けるしかないのだ。昔も今も、それ自体が掟なのです。欲と利益で動くジョン・D・オールドの人生は、全盛期からほとんど変わっていない。アルバやバーレーンのような「川上」で儲けた利益は、アメリカの消費者から遠ざけられる。

ジョン・Dは、息子たちに「他人と親しくするな」「友愛せよ」と言い、独立志願者を石油ビジネスに参入させないようにした。しかし、有利と見れば、「友愛禁止」のルールを破ることも躊躇しなかった。

例えば、フロリダを開拓した鉄道王ヘンリー・フラグラーに好意を寄せていた。生粋のビジネスマンであるジョン・D氏は、早くから石油ビジネスの入り口は精製と最終製品の流通であると認識していた。フラグラーとの友情は、精製と流通の支配権を確保する、この目的のためのものであり、彼はそれを勝ち取るのだ。ジョン・Dは、フラグラー社との間で、自分の会社には特別な輸送割引を与えるという契約を、パラノイアのように密かに結んでいたのだ。こうして、ロックフェラーは「競争」を減らし、ライバルの何人かを廃業に追い込んだのである。

ジョン・Dは、「自由な企業活動」どころか、「不公正なやり方」で破滅させた人々のことなど、これっぽっちも気にしていなかった。ロックフェラーの信条は、ライバルに対して徹底的に冷酷になることであった。また、秘密主義も彼の信条であり、この2つの「指針」に従って生涯を過ごしました。わずか7年の冷酷なやり方によって、ほとんどの競争相手を排除し、ジョン・Dがカリフォルニアのスタンダード・オイル・カンパニーを設立することができた。

1870年には、スタンダード社はアメリカの石油市場の10%を支配するまでになり、驚異的な成果を上げげた。ロックフェラーの悪巧みに付き合うことで、鉄道会社は事実上国民を売り渡し、ジョン・D・ケネディーの懐に入ったのである。鉄道料金は中央会が管理しており、加入した他の石油会社は上納金を払わなければ入れなかったが、鉄道料金の割引を受けることができた。ゲームをやりたくない人は、壁際に行った。

作家・教師・ジャーナリストであるアイダ・ターベルの著書『スタンダード・オイル社の歴史』には、ジョン・Dが用いた極めて怪しげな戦術が明確かつ簡潔に記されている。彼の基本的な行動によって、ほとんどの独立派から憎悪と敵意を持たれていたが、1970年までにジョン・Dがヨーロッパに石油製品の市場を確立し、スタンダード社のビジネスの驚異的な70%を占めていたので、スタンダード社はこの嫌悪を一掃し無視できたのである。事実上の独占状態であったため、世論はほとんど意味を持たなかった。

ロックフェラーは、ライバルを排除するために、私設のスパイ軍団を作り、その数はもちろん、能力においても、スタンダードの活動する国の政府をはるかに凌駕していた。諜報関係者の間では、「ジョン・Dが知らないうちにスズメがくしゃみをすることはない」と言われている。厳格なバプティストであったはずなのに、「神の目に触れないと一羽の雀も地に落ちない」と書かれている聖書のパロディで、ジョン・Dが大好きな聖書を馬鹿にしたものであった。

しかし、ロックフェラーの北米大陸横断による海外市場への進出は、ジョン・Dの隠微な手法にもかかわらず、見過ごされることはなかった。ロイドは、地方、州、連邦政府、米国の法律の上に、明らかに「平和を宣言し、戦争を交渉し、裁判所、議会、主権国家を、どんな政府機関も抑えることのできないレベルまで引き下げる」法人が存在することを示した。何千通もの怒りの手紙が上院に殺到し、シャーマン反トラスト法が制定されることになった。しかし、その条件は非常に曖昧で（おそらく意図的にそうしている）、特にジョン・Dのような滑りやすい顧客に対しては、コンプライアンスを回避することは容易であった。シャーマン独禁法は、規則ばかりで力のない広報活動に過ぎないことがわかった。1907年、フランク・ケロッグ弁護士が起こした米国司法省の訴訟で、ついに事態は一変した。

裁判では、ロックフェラーは公明正大に証言台に立ち、自分は人類、特にアメリカ市民の恩人であると述べた。ケロッグから、数々の不公正な取引について説明を求められたジョン・Dは、「覚えていない」と答えた。

1911年5月11日、Whyte最高裁判事は、スタンダード社は6ヶ月以内にすべての子会社を処分しなければならないという決定を下した。ロックフェラーは、いつものように弁護士やジャーナリストを大量に雇い、「石油ビジネスは他の会社と同じようにはできない」と説明させた。要するに、ロックフェラー流の特別な存在として扱われる必要があったのだ。

ロックフェラーは、ホワイトス判事の判決の影響を緩和するために、イギリスやヨーロッパの王室からヒントを得た後援システムを構築し、慈善基金と組み合わせて、ロックフェラーの帝国と財産を守るようにした。この法律は、彼のスパイ軍団と買収した上院議員が警告し、実際、論理と理性を無視した遠回りの方法で1913年に制定された。

第13章

ジョン・D・ロックフェラー、ノーベル賞受賞者兄弟、ロシア

CFRがジョン・D・プラットとハロルド・プラットにその存在を負っていることは疑う余地がない。これは手強い悪であり、何十億ドルもの資金とCFRの助けを借りて、この国を支配してきた石油産業に対する訴訟の一部である。

ロックフェラーの計画に従った者もいた。アーマンド・ハマーの会社であるオクシデンタル石油は、ロックフェラーの「シャム双生児」キッシンジャーが交渉した中距離核戦力条約の採択に主に責任を負っており、彼は前述のバンベルグファイルの発見後、自分の師への継続的な愛着を明らかにした。INF条約は、米国の利益に対する最も非道な裏切り行為の1つであった。他にも反逆的な条約があることは間違いないが、私の考えでは、INF条約はそれらを凌駕するものだった。

ジョン・Dの不正は、アメリカの対外政策に反映され、石油会社の悪質な影響力は今日まで続いている。1914年、「ロックフェラー秘密政府」が議会記録で言及される。この年、ウィンストン・チャーチルという偉い人が、ジョン・Dを "白塗り "にしたいという申し出を、5万ドルという希望価格が「高すぎる」と断られるという苦い経験をしている。そして、チャーチルは「世界の石油産業は2つの巨大企業が事

実上支配している」と悔しそうに発表した。もちろん、シェルとスタンダード・オイルのことである。最初の会社はマーカス・サミュエルが設立した。彼は貝殻で王族のための飾り箱を作っていたことから、「シェル石油会社」と呼ばれるようになったのである。サミュエルは、最初は石炭を日本に輸送する仕事をしていたが、光明を見出すと石油に切り替えた。この変更は、非常に有益なものでした。

1873年、ロシア皇帝は側近に潜入していた裏切り者たちの助言もあって、ノーベル・ダイナマイト社にコーカサス地方の石油探鉱の利権を与えた。ノーベルの息子たち、アルベルト、ルートヴィヒ、ロベルトは、フランスのロスチャイルド銀行の資金援助を受けて、この問題に取り組み、結局、ロスチャイルド家がロシアの財政を支配することになり、ボルシェビキ革命につながったのである。

ノーベル、ロックフェラー、ロスチャイルド、そして彼らの企業や銀行は、ロシアをレイプし、資源を抜き取り、ボルシェビキの大群に引き渡して、もともと美しく、高貴で、キリスト教の国であったロシアの破壊を完了させたのだ。

ボルシェビキによるキリスト教国ロシアのレイプと奴隷制の暗黒時代への転落に石油産業が参加したことは、政府内のこの政府に対する重要な告発であり、軽く片づけることはできない。このような非難に対して、石油業界は一度も反論を求められていない。

ロシアで成功し、ルーマニアの油田をほぼ手中に収めたジョン・Dは、今度は中東に目を向けた。最初に打撃を受けたのは、旧トルコ石油会社である。英国は、ジョン・Dにトルコでの提携に20%の出資を申し出、エクソンはこれを受け入れた。そして、強欲な多国籍企業がイラクに目をつけ始め、モービル、エクソン、テキサコがすぐに進出したのである。対等なパートナーシップのための合意だったが、イラク人は最初からだまされていたのだ。サンレモ合意では、イラクはコンソーシアムで20%のシェアを持つことになっていたが、実際には何も得られなかった。こうして、英米の石油会社に対する深い嫌悪と恐怖が世界中に広がっていったのである。エクソンは、自らの関与を隠すために、スイスのペーパーカンパニーを通じて資金を提供した。イラクやイランで忙しいソ連は、アメリカ企業の参入を歓迎していた。数年後、シェルのCEOであったアンリ・デテルディィングは、エクソンがボルシェビキと密接な協力関係にあることを告発したが、この事実は、ミルナー卿が所有していたMI6の情報文書によって十分に裏付けられていた。データーディィングは、「エクソンは常にボルシェビキを支持しており、そのプログラムの多くは、特に共産党政権に有利になるように作られている」と述べた。エクソンは、ジョン・D.らしく、この告発が米国で巻き起こした批判の嵐を切り抜け、その場をしのいだ。データーリング氏については、石油業界にダメージを与えるような暴露をしたため、ブラックリストに載ってしまい、失脚してしまった。

ホワイトホール公文書館に所蔵されている白ロシアの赤軍討伐作戦に関する文書では、白ロシアの将軍であるウラングルとデニケンが、スタンダードオイル社から「バクーの豊かな油田から赤軍を追い出すことに成功すれば、アメリカ政府から多額の援助を受けることができる」と約束されていたことが明らかにされている。

この任務は白ロシア軍によって達成された。実際、赤軍を粉砕し、モスクワの門前まで追い詰めたのである。しかし、アメリカ国務省の個人代表であるロイド・ジョージとイギリス首相ウィリアム・ブリットは、約束通り金と武器を受け取るどころか、外交問題評議会（CFR）を通じて300人委員会の指示に従い、白ロシア軍を引きずり出し、金も武器もなく、解散するしかない状態にした。

白ロシア軍への軍需ボイコットは、ロイド・ジョージが主導したCFRの陰謀であり、赤軍を壊滅させロシアのボルシェビキ体制を終わらせることができる唯一の軍事力を確実に崩壊させたが、それは帝国イギリスとアメリカのパートナーが考えていたことではなかったのである。

ブリットとロイド・ジョージは、なぜ白ロシアの軍隊を後ろから刺したのだろう？赤軍が敗北を目前にしていたとき、ボルシェビキ革命が崩壊の危機に瀕していたとき、アメリカ政府とイギリス政府はなぜこれほどまでに裏切り行為をしたのでしょうか？ロンドンのホワイトホールにある陸軍省にある、すでに紹介した文書の中で、CFRがレーニンの政権を維持するために、ロシアの広大な油田から一回限りの利権を得る見返りに取引しようとしていたことが明らかにされている。白ロシアの将軍たちよりもレーニンの方が、取引に応じる可能性が高いと考えたのだ。この詐欺、この裏切りによって、ボルシェビキは敗北寸前から復活し、何百万人もの市民の命を犠牲にして、ロシアを征服できる強力な勢力となったのである。

1924年、イギリスがボルシェビキ政権を正式に承認した時、その条件として、ある高官がブリティッシュ・ペトロリアム（BP）と協定を結び、イギリスの利益団体による石油開発のために広大な土地を保証することが挙げられた。この取引の下地は、ボルシェビキ革命の時に、イギリスMI6のエージェントであったシドニー・ライリーが作ったものであった。ライリーは、MI6の正式名称を変えた7つのパスポートを持ち、ボルシェビキ革命の資金源として大きな役割を果たしたアルフレッド・ミルナー卿を、英国政府よりも直接的に代理していたのだ。

同様に、アメリカのスタンダード・オイルも帝国主義のレーニンと同様の協定を結んでいる。米英がボルシェビキの台頭と戦っているという印象を与えるために、連合軍の遠征隊がロシアの最北端にあるアルハンゲルに派遣された。ただ、一度だけ、アーカンジェル市街を行進し、その後、遠征隊は船に乗り込み、帰国の途に就いた。

データーディングは、ボリシェヴィキとの共同作業を断固として拒否していた。白ロシアの裏切り、ボルシェビキの石油取引について、データーディングはこう言った。

> このような泥棒を相手にしたことを誰もが後悔する日が来ると思います。

データーリングが無名に追いやられるのも無理はない!彼の言葉が予言的であったかどうかは、歴史が判断することであり、ロックフェラーから金をもらっているいわゆる歴史家が書いた歴史の話ではないのだ。ロックフェラーが「必ず起こる」と言った将来の競争を防ぐために、1928年8月18日、スコットランドのアチナカリー城で、アチナカリー伯爵の留保金を使って秘密会議が開かれた。この会議は、アングロ・イラニアン・オイル・カンパニー（後のブリティッシュ・ペトロリアム＝BP）が主催し、スタンダード社、シェル社、アングロ・イラニアン・オイル・カンパニー、モービル社の幹部が出席して行われた。デターディングは、ロイヤル・ダッチ・シェルの代表として出席したが、ボルシェビキとの石油取引に公然と反対したロックフェラーに憎しみを隠され、彼の人生は地獄のようなものとなってしまった。

アングロ・イラニアン・オイル・カンパニーが起草し、1928年9月17日に全当事者が署名した議題である。アシュナカリー帝国主義者の唯一の目的は、世界の石油貿易を「利益圏」に分割し、メジャーがコントロールすることであり、実質的にはすべてを「現状のまま」にすることであった。

1945年に結ばれたヤルタ協定は、アシュナカリー協定をモデルとしており、「ビッグ3」は1952年までこの協定を実施することができた。アシュナカリー協定は、アメリカのシャーマン独占禁止法に違反し、それ以上に、世界の正当な政府が何を言おうと、石油メジャーが価格を固定し、供給を割り当てるだけの力を持っていることを示したのである。

28年間のアシュナカリー協定でアメリカの消費者は得をしたのでしょうか？答えは「ノー」です。実際、アメリカの消費者は、物価を大幅に下げることができたはずの時期に、物価上昇の犠牲になってしまったのだ。実は、アシュナカリー社の取引は、世界中の消費者をだますことを目的とした、米国の独占禁止法に違反する巨大な陰謀であったが、価格操作の矢面に立たされたのは米国の消費者であった。

もし、あからさまな刑事事件があったとしたら、それは起訴されるのを待っていたものだ。しかし、アメリカの司法省には、長い歴史の中で一貫してアメリカの消費者から「ぼったくり」をしてきた業界の巨人たちを相手にしようとする勇者は、ほんの数人しかいなかったようだ。しかし、アイゼンハワーやトルーマンに阻まれ、その努力は実を結ばなかった。

ビッグスリーは、世界中から安い石油を調達していたのだから、なおさらである。ジョン・D・オールドの"大きな手"は、どこにでもある。時が経つにつれ、石油業界で正直な人間を見つけるのは難しくなってきた。

しかし、最悪の事態はこれからだった。ビッグスリーは、膨れ上がった利益に満足することなく、国務省の高官と協力して米国の税制優遇策を模索し、獲得したのである。石油会社は、自分たちの特別な地位が正当化されるのは、次のような理由からだと主張した。

> "我々はこれらの国に対する米国の政策を追求している"。

彼らの主張はさらに進んでいる。

> 「米国がホットスポットに直接介入すれば、状況を悪化させるだけであるのに対し、我々はホットスポットを冷やす手助けをしている。

1985年、上院外交委員会で、ある幹部が語った。この議論がいかに説得力を持たないか、これから見ていくことにしよう。

バクーに続き、エクソンもサウジアラビアに進出することになった。1943年、エバレット・リー・デ・ゴイラーはこう言っていた。

> "この地域（サウジアラビア）のこの石油は史上最大の価格だ"

イスラエルの脅威に対抗するため、サウジアラビアに君臨するアブドゥル・アジーズ一族を支援するという名目で、エクソンはワシントンの強力で脅威的なイスラエル・ロビーによってサウジアラビアの利益が最小限にならないようにし、その地位を確立することができた。

国務省は、イブン・サウド国王に、「サウジがエクソンと手を組むなら、米国は中東に対して公平な政策を維持する」と伝え、その役割を果たしたのである。もちろん、王はこの悪徳商法に賛成した。その見返りとして、エクソンは50万ドルというわずかな金額を支払って、サウジアラビアの石油の独占販売権を確保したのである。しかし、エクソンも国務省も、イスラエル・ロビーの反発を受け、ワシントンの中東政策の公平性を保つという約束を守ることができなかった。1946年のイスラエル建国に激しく反対していたサウジアラビアにとって、これは不都合なことだった。フルブライト上院議員は、常に超党派的なアプローチをとっており、ワシントンでの困難な状況下でも、概して自分の立場を貫くことができた。しかし、フルブライトが国務長官に指名されたとき、シオニスト・ロビーはエクソンと協力して指名を取り消し、アラブ諸国の敵であり最悪の帝国主義者であるディーン・ラスクに指名されることになった。その結果、中東のアラブ・イスラム諸国に対するアメリカの外交政策は、常にひどくアンバランスでイスラエルに完全に偏っていたが、より親イスラエル的になっている。

そして、サウジ王室は、エクソンに利権維持のための年会費を要求し、実施初年度には5,000万ドル（約60億円）に達した。サウジの安い石油生産量が目まぐるしく増加するにつれ、「黄金の税金の利権」の仕掛けも比例して大きくなり、今日に至るまで記念碑的な大詐欺の1つとなっているのだ。国務省との協定により、エクソン（ARAMCO）は、賄賂は「サウジの所得税」の正当な支払いであるとして、米国の税金から控除することが許されているのです

エクソンがサウジアラビアの安い石油を生産し、輸出し続けるために、記録には残らないが、実はサウジアラビアへの巨額の対外援助であった。税金の抜け道が使われてから6年後、イスラエルは戦利品の分け前を要求し始め、最終的にはアメリカの納税者のおかげで約1300万ドルを手にしたのである。現在、イスラエルがアメリカから受けている対外援助の総額は、年間約500億ドル。この取り決めによって、負担する米国の納税者は、ポンプのガソリン価格が下がるなどの利益を得ることができるのだろうか？結局、サウジの石油は安いのだから、その恩恵はお客様に還元されるべきではないだろうか。答えは、「ARAMCOに関する限りではない」です。

アメリカの消費者には何のメリットもなかった。さらに悪いことに、国産原油の価格が大幅に上昇し、そこから回復することはなかった。安価な中東産原油のために、

北極圏の油田など米国内の資源から石油やガスを増産し、米国のエネルギー自給を実現しようとする地元の努力はことごとく失敗に終わったのである。

第14章

ニクソンが金の窓を閉ざす

独立系の小規模な石油開発会社である「ワイルドキャッター」の多くは、増税と迷路のような新たな規制強化策によって、廃業に追い込まれた。ガソリンの値上げのきっかけは、ニクソン大統領の任期が終わった1970年のミニ不況である。米国経済が後退し、金利が大幅に引き下げられ、外国資本の逃避が心配された。ニクソン大統領は、シグムンド・ウォーバーグ卿、エドモンド・デ・ロートシルトらロンドン・シティの銀行家による「300人委員会」の助言を受けて、連邦準備銀行の金窓の閉鎖を決定した。

1971年8月15日、ニクソンは米ドルと金との交換をやめると発表した。ブレトンウッズ会議の中心的な規定が崩れたのである。ドルのデマティゼーションによって、ポンプのガソリン価格が高騰した。

1975年の多国籍企業ヒアリング委員会に提出された証拠によると、アメリカの石油メジャーは利益の70%近くを海外で稼いでおり、その分、アメリカの所得税を払う必要がなかったという。上流（外国）での事業が多い米国メジャーは、現地での掘削や探査に大きな資本を投じようとはせず、そのために税金を払わなければならなかったのである。

サウジアラビアに行けば、無税で安価に石油製品を手に入れることができるのに、なぜ米国でお金をかけて油田を探査し開発するのか？なぜ、独立系の小規模事業者が石油を探査し、重要なビレイエットを発見することを認めるのか、それはセブンシスターズの利益を必然的に減少させることになるのではないか。EXXONはベストを尽くした。そのため、議会では、アメリカ大陸での石油探査に重税を課すことを要求し、実現させた。

アメリカの消費者は、外国の帝国主義メジャーに補助金を出し続け、ポンプで人為的に高い価格を支払っている。すべての隠された税金のコストを加えると、アメリカのガソリンは世界で最も高いものの一つになっており、何十年も前に排除されるべきであった衝撃的で人為的に作り出した状況なのだ。この取り決めの不道徳さは、もしメジャーがそれほど強欲でなければ、米国内でもっと多くのガソリンを生産し、大幅に安い価格で販売できたはずだということだ。私たちは、石油業界が違法な行為を奨励したことは、アメリカの消費者を欺いたとして刑事告発されることになると考えています。

1949年、アメリカ司法省はアメリカの大手石油会社を含む「国際石油カルテル」を刑事告発したが、事件が大きくなる前にトルーマンとアイゼンハワーが介入し、司法省は告発を民事事件に縮小せざるを得なかった。

変動相場制が経済界に波及したとき、アラブの産油国は、為替変動によって石油収入が不意に激減することのないよう、石油の固定価格の約束を要求し、それを勝ち取ったのである。メジャーは、ガソリン価格を不正に操作して、それに従った。このように、石油会社は実際の市場価格とは異なる人工的な価格に対して税金を支払っていたが、米国では税金が安いという、米国の他の産業では味わえない有利な条件によって相殺されていたのである。このため、エクソンやモービルをはじめとする大手企業は、莫大な利益を上げているにもかかわらず、平均して5%しか税金を払っていないのである。このことは、石油会社がアメリカの納税者から金をむしり取っていたこと、そして今も消費者から金をむしり取っていることだけでなく、外国から石油を安く買い叩き、アメリカ帝国主義の外交政策を実行していたことを物語っている。この取り決めによって、大手の石油会社は法律の上に立ち、選挙で選ばれた政府に対して常に口出しができる立場になったのである。アメリカの消費者に対するこの大勝利は、どのようにして達成されたのだろうか。1973年5月、ビルダーバーグ・グループは、ウォーバーグのエリック・ロール卿、フィアット・コングロマリットのジアニ・アグネリ、ヘンリー・キッシンジャー、ロバート・O.マッカーサー、ロバート・ロドリゲスの出席を得て秘密会議を開催し、この秘密会議に出席していた。アトランティックリッチフィールド石油会社のアンダーソン、リーマン・ブラザーズのジョージ・ボール、ズビグニュー・ブレジンスキー、オットー・ウルフ・フォン・アルメロンゲン、デイヴィッド・ロックフェラーなどである。会議の主題は、いかにして世界的な石油禁輸を発動し、石油価格を最大400%引き上げるかということであった。

これほど少数の人間が、世界全体の経済の将来を左右するようなことは、かつてなかったからだ。石油収入の400%増という目標を達成するために、どのような手段を講じ、その結果、ドルを大幅に押し上げることになったのかは、会議に参加した人以外にはわからない。しかし、彼らの審議の結果は、そう長くは続かなかった。

それからわずか半年後の1973年10月6日、エジプトとシリアはイスラエルに対して戦争を仕掛けた。いわゆる「ヨム・キプール戦争」である。イスラエル攻撃の表向きの理由はひとまず置いておいて、その舞台裏を覗いてみよう。一連の公文書や報告書を読む限り、ヘンリー・キッシンジャーがワシントンから裏ルートで開戦を画策したことはほぼ確実である。キッシンジャーがワシントンのイスラエル大使、シムチャ・ディニッツと非常に親しかったことはよく知られている。同じ頃、キッシンジャーはエジプト・シリア関係を進めていた。キッシンジャーは、世界で最も古い方式を使った。彼は双方のために、意図的に事実を歪曲したのである。

1972年10月16日、OPECはウィーンで会合を開き、原油価格を1バレル1.50ドルから11ドルに引き上げること、そして、米国がイスラエルに対して露骨な優遇措置をとり続けているので、ボイコットすると世界に発表した。オランダは、ヨーロッパの主要な石油港があるため、特別に攻撃されることになった。ビルダーバーグの計画者たちは目的を達成した。1949年から1970年までの原油価格を見ると、1バレルあたり約1.89ドルの上昇にとどまっていることがわかる。1974年1月には、原油価格が400%上昇し、ザルツェーバーデンのビルダーバーグ・グループの目標になった。

1949年以来、世界の石油消費量が5.5倍になったのに、原油価格が400%も上昇したのはアラブやOPECの生産者のせいだとしながら、ビルダーバーグ・グループを代表してヘンリー・キッシンジャーがワレンバーグの隠れ家で立案した計画を指揮し実行したことは疑いようがない。スクープ・ジャクソン上院議員は、大手石油会社の利益を「猥褻（わいせつ）」と呼び、即時の解体・売却を要求した。

そして、再びメキシコと、カウドリーの利権を買い取った（ジョン・Dは、どうせ大した価値はないと思って拒否した）シェルのアンリ・デテルディングに目を向ける。これは、賄賂に敏感な政府によって支えられた石油会社の腐敗行為の始まりであった。

メキシコで石油を発見したのは、以前にもお会いしたことのあるイギリスの建設王ウィートマン・ピアソン氏である。ピアソン氏は、本当は石油ビジネスに携わっていたわけではなかったが、テキサス州ラレードを訪れた際に、偶然にも石油ビジネスに出会ったと、その時の様子を語っている。メキシコのポルフィリオ・ディアス大統領はウィートマンに試掘の権利（私的）を与え、英国の実業家は、ジョン・D翁が申し立てた場所の隣にある、巨大な石油埋蔵量があると思われる土地に掘削装置を設置した。そして、ジョン・Dは、ウィートマンにダイナマイトを投げつけ、井戸に火をつけ始めた。ドク・エイブリー（William "Doc" Avery）から教わった汚い手口は、すぐにライバルに使われた。しかし、ウィートマンは自分の仕事に徹し、ロックフェラーは生まれて初めて挫折を味わった。アメリカの石油資源をすべて掌握したロックフェラーは、それが気に食わなかった。ホワイトス判事の法廷で見せた博愛の仮面が崩れ去り、冷酷な強欲さで形成された彼の顔の醜さがあらわになるのである。

ウィートマンは、ロックフェラーより頭が良かったので、誤算があった。「メキシコの油田は高すぎると思う」とエイブリーに言ったが、彼のメキシコの状況判断が大きく間違っていたとは、知る由もない。しかし、その裏では、ロックフェラーの民間諜報機関が、ウィートマンに最大の問題を起こし、メキシコの人々に不安と流血をもたらそうと考えていたのだ。

ウィートマンは、メキシコの油田で祖国のために働いたことや、第一次世界大戦中に王立飛行隊（RFC）の爆撃機を製造したことが評価され、英国政府から貴族院に昇格させられた。王立飛行隊（RFC）計画を始めたダグラス・ヘイグ卿とは親友だった。それ以来、彼はカウドリ卿と呼ばれるようになった。やがて、当選したばかりのウッドロウ・ウィルソン大統領と親交を深めることになる。

このとき、ジョン・Dはウィルソンに大きなプレッシャーをかけ始めた。スタンダード・オイル社は、このゲームに復帰するために、米軍を利用する必要があったのだ。これは最悪の帝国主義であり、後にブッシュ大統領がパナマやイラクへの侵攻を命じた時に見られたように、石油会社が米軍を自分たちの私兵として使っていたのである。

メキシコでは、ロックフェラーの私設情報軍が24時間体制で不安を煽り、差し迫った危機にフエルト将軍を新大統領に選出したのである。フエルトは選挙マニフェストで、「メキシコの石油を国民のために取り戻す」と公言していた。イギリス政府は、カウドリ卿を通じてウィルソンに、気性の荒いフエルトを排除するためにアメリカの協力を仰ぐよう要請した。英米は、カウドリーの言うように「共通の敵に対して」力を合わせ、気球が飛ぶまでの間、昼夜を問わず、できる限りの原油を汲み上げていたのである。しかし、メキシコに最もダメージを与えたのはアメリカである。メキシコを一連の内戦に巻き込み、間違って「革命」と呼ばれ、何十万人ものメキシコ人が不必要に血を流し、外国帝国主義者がメキシコの天然資源の支配を維持できるようにしたのである。メキシコは恨みと争いに明け暮れたが、その間にカウドリはどんどん豊かになっていった。彼の個人的な帝国には、国際的な銀行と証券会社のラザード
フレール、ペンギンブックス、エコノミスト、ロンドンのフィナンシャルタイムズなどがあり、これらはすべてメキシコの人々の血と涙、そしてメキシコの石油が使われなければ戦うことができなかった第一次世界大戦で犠牲になった何百万人もの血によって築かれたものです。メキシコの人々は、まずカウドリーに、そして第一次世界大戦末期の1919年、第一次世界大戦で息子を亡くして重傷を負ったカウドリーが、引退するために十分な金を稼いだと判断して、この億万長者のメキシコでの権益を買収したシェルによって、目の敵にされたのである。

メキシコの人々は、天然資源の支配権を取り戻そうと、内戦（英米の新聞では「革命」と呼ばれる）を繰り広げました。カウドリが全く贅沢な暮らしをしている一方で、メキシコの石油労働者はファラオの奴隷よりも劣悪で、衛生設備も水もない最も汚い掘っ立て小屋からなる何とも言えない石油「都市」に黒く惨めな姿で身を寄せ合っている。

1936年、17の外国がメキシコの石油をせっせと採掘していた。そして、メキシコの石油労働者が、その待遇を理由に雇用主に対して反乱を起こそうとした時、メキシコのラサロ・カルデナス大統領は、遅ればせながら彼らの待遇改善と賃金の支払いを要求した。アメリカでは、「共産主義がメキシコを乗っ取ろうとしている」とマスコミが発表した。

しかし、17社は労働者の正当な要求に応じず、カルデナスは外国資本の石油会社をすべて国有化した。イランの時と同じように、チャーチルの残忍な侵略によって、イランの石油を世界的にボイコットして経済を破綻させると、英米政府はメキシコから石油を出荷する者を禁輸措置にすると発表したのである。石油産業を運営する国営企業PEMEXは、ボイコットによって全く無能になり、ボイコットが続くとPEMEXの従業員は賄賂や汚職に屈するようになった。これらの悪行は、すべてロックフェラーの私兵であるエージェントやスパイの仕業であり、彼らは至る所に出没していた。1966年、何人かの著名な作家が、イギリスとアメリカの帝国主義者がメキシコで演じた役割を暴露しようとした。そして、カウドリーは、当時の著名な作家デズモンド・ヤングを雇って、自分の活動を白日のもとにさらす記事を書かせ、ヤングには娼婦の相場が支払われていた。

話をヨーロッパに戻すと、第二次世界大戦の直前である。1936年、共産主義者がスペインを征服しようとした。

ロシアを攻略したあとの大きな収穫だった。テキサコは、儲かると見てフランコ将軍の味方をした。メキシコの石油を積んだそのタンカーは、フランコが支配するスペインの港に迂回させられた。

そこで登場するのが、第二次世界大戦中にアメリカ情報機関の乗っ取りを企て、後にジョン・F・ケネディ大統領暗殺を組織したウィリアム・スティーブンソン卿である。ステファンソンは、テキサスとフランコの石油取引を知り、あわててルーズベルトに伝えた。アメリカの秘密政府の慣例として-
そしてこれには長い歴史がある-、右派の政府が（キューバのように）打倒しようとする共産主義勢力と生死をかけた闘争をしているとき、CFRは中立の立場をとりながら、ひそかに合法政府を貶め、共産党勢力を支援するか、公然と反乱軍に味方するか（スペインや後の南アフリカのように）するのだ。

スペイン内戦と呼ばれるスペインの共産主義との戦いにおいて、アメリカは公式に「中立」であった。しかしルーズベルトは、フランコが戦っていた共産主義者たちに、CFRがひそかに資金、武器、弾薬を供給することを許したのである。ルーズベルトは、ステファンソンが「悪い知らせ」を持ってオフィスに駆け込んでくると、非常に怒り、テキサコに中立条約を尊重し、フランコへの石油供給を停止するように憤慨した。

しかし、ルーズベルトは、共産主義者への資金、武器、食糧の流れを止めることはしなかった。また、ボルシェビキは、スペインで共産主義者のために戦う兵士を米国で募集するなと命じたわけでもない。

共産主義者たちは、フランコに対抗して戦う「エイブラハム・リンカーン旅団」に参加するアメリカ人志願者をすぐに募集し始めた。ルーズベルトは、責任者を告発しようとはしなかった。フランコは、キリスト教国スペインの共産主義者買収の企てを潰したことを決して許さない。また、アメリカ国務省の大部分を占める社会主義者たちからも、決して許されることはないだろう。スペイン内戦では大きな役割を果たせなかったが、12
の連邦準備銀行を統括する連邦準備理事会は、第一次、第二次世界大戦で大きな役割を果たした。それがなければ、世界大戦も、朝鮮戦争もベトナム戦争もなかったでしょう。連邦準備銀行は、ネルソン・アルドリッチ上院議員によって、ロックフェラー家の依頼で、設立された。ネルソン・アルドリッチ上院議員は、ロスチャイルド家に買収され、合衆国憲法を守り抜くという宣誓に反して、合衆国に中央銀行を設立する法案の主唱者となった。

ロスチャイルドとロックフェラーのお金が、連邦準備銀行を設立するための費用（合法的なもの、賄賂のもの）を支払ったと言ってもよいでしょう。アルドリッチ上院議員の娘のアビー・グリーン・アルドリッチはジョン・ロックフェラー・ジュニアと結婚したが、アビーはいつも左翼やあからさまな共産主義者の団体に非常に寛大な助成金を出している。

メキシコと連邦準備銀行は、石油産業に対する事件の他の2つの起訴状である。ロックフェラー家は、世界教会協議会やニューヨークのロックフェラー・リバーサイド教会など、共産主義者の温床にオイルマネーを流したことでも非難されている。この2つの左翼機関は、南アフリカのキリスト教会を一掃するキャンペーンの先頭にいた。

石油産業は帝国主義的になり、膨大なスパイ網を駆使して、ロックフェラーに知られないようにすることは、ほとんどできなくなった。第二次世界大戦が終わるとすぐに、サウジアラビアの油田から石油が出始めた。一方、ガソリンの値段は1ガロン1.02ドルから1.43ドルに、まったく経済的理由なく上昇した。石油業界の欲深さは、アメリカの消費者に何十億ドルもの損害を与えた。言うまでもなく、アメリカの納税者は「金のなる木」を維持するために何十億ドルも提供しなければならなかった。

EXXONは、アメリカ国民や政府を全く恐れていなかった。外交問題評議会という影の政府高官の秘密幹部は、エクソンとそのサウジ企業であるARAMCOについて、あえて誰も指一本触れないようにしたのだ。

その結果、アラムコ社はフランスに1バレル0.95ドルで石油を売る一方で、アメリカ海軍には1バレル1.23ドルで石油を売るということができるようになった。アメリカ国民から盗んだ恥知らずの傲慢な行為である。しかし、マスコミやラジオの隠蔽工作にもかかわらず、1948年、ブリュースター上院議員は、石油産業に対抗できるだけの情報を得たと判断した。

Brewster氏は、メジャーの不誠実な行動を非難した。

> ...莫大な利益を得ようとする強欲な欲望を持ち、その一方で、膨大な利権を維持するために常に米国の保護と財政支援を求めているのである。

これに対して、大手石油会社はブリュースター氏にメモを出し、自分たちは特に米国に忠誠を誓うものではない、と傲慢な態度を示した。ロックフェラーの「帝国主義」は、ブリュースター公聴会の時ほど、アメリカの面前で大胆に示されたことはなかった。

地政学的な思惑とは別に、大手石油会社には単純な価格操作の罪があった。例えば、アラブの安い石油は、西ヨーロッパに売られ、アメリカに輸入されるときには、高いアメリカの値段で売られていた。これは、「シャドー運賃」と呼ばれるものである。

石油業界の行為に多くの光を当てた最高のレポートの1つが、「国際石油カルテル；連邦取引委員会のスタッフによってまとめられた報告書」である。[6]この鋭いレポートは、米国下院と上院の全議員の必読書となるべきものである。

この報告書が日の目を見るとは驚きである。ロックフェラーとその共謀者たちにとっては、非常に心配するのに十分な理由であったのだろう。故ジョン・スパークマン上院議員に触発され、M・ブレア教授が丁寧に形作った石油カルテルの物語は、スコットランドのアシュナキャリー城の陰謀に遡る。

6「国際石油カルテル：連邦取引委員会のスタッフによってまとめられた報告書。"Ndt "です。

第15章

スパークマン上院議員、ロックフェラーの石油帝国に挑む

スパークマン上院議員は、特にロックフェラー石油王国を徹底的に攻撃した。ブレア教授は、石油産業に不利な事例を注意深く、説得力をもって少しずつ構築し、最終的には、主要な石油会社が以下の目標を達成するために共謀しているという揺るぎない証拠を提示したのである。

- 石油生産・精製に関わる全ての技術・特許を管理する。
- 7社間のパイプラインやタンカーをコントロールする「セブンシスターズ」。
- 世界市場を共有し、影響力のある領域を分割する。
- 石油の生産、販売、流通に関して、外国のすべての産油国を支配すること。
- 原油価格を人為的に高く維持するために共同・連帯して行動していること。

ブレア教授は、ARAMCOが原油価格を高く維持しながら、サウジアラビアで信じられないほど安い価格で石油を汲み上げていたことなどが罪であると述べた。スパークマン議員の広範な疑惑を受け、司法省はARAMCO社の商

習慣が米国の法律に違反していないか独自に調査を開始したのである。スタンダード・オイル社とロックフェラー社は、直ちに国務省の傭兵ディーン・アチソンを派遣して、調査を頓挫させた。反逆罪で起訴されてもおかしくないアチソンは、アメリカ政府がいかにビッグオイルに堕とされ、ひっくり返されているかを示す最良の、いや最悪の例である。このようなことは、以前から「米国に特別な忠誠を誓っていない」と宣言している共謀者を調査しようとするたびに起こっている。1952年に上院特別委員会に出席したアッチソンは、中東におけるアメリカの外交政策上の利益を守るために、国務省の利益が最も重要であることを挙げ（つまり、ビッグオイルが外交政策を指示していることを黙認した）、中東におけるアメリカの外交イニシアチブを弱めないために、委員会と司法省にアラモコの取引に関する調査を保留するように要請した。アッシェンは、イランのモサデグ危機を巧みに利用して主張を展開し、司法省はそれにきちんと従った。しかし、司法長官は、ARAMCO社の悪質な商法について、閉会前に鋭い指摘をすることができた。

> 石油の取引は一部の人の手に委ねられている。石油の独占は自由貿易の利益にはならない。自由な企業は、政府と民間の両方の権力の行き過ぎから保護することによってのみ維持することができます。

しかし、司法長官の最も厳しい非難は、石油カルテルに向けられたもので、「国家安全保障上の利益を深く損なっている」と指摘した。激怒したロックフェラーは、すぐさま攻撃犬アチソンを使って、反トラスト検察を「マモンや不正を相手にしない司法省反トラスト部門の警察犬」と非難し、ダメージコントロール策を講じた。その口調は好戦的で大げさなものだった。

国防省と内務省を連携させることで、アチソンは帝国主義の信条を宣言したのです。

> "セブン・シスターズ
> "は、自由な世界に最も必要な商品を供給する重要な役割を担っています。アメリカの石油事業は、実質的には、これらの国々に対する外交政策の道具なのだ」
> 。

アチソンは、ソ連のボルシェビキがサウジアラビアに介入する可能性を指摘したのである。

> 旧ソ連の理想を推進する闘いの中で石油会社が果たした役割の重要性を見過ごすことはできないし、これらの会社が略奪的な探査のための犯罪的陰謀に従事しているという主張も放置することはできない。

アチソンの立場は全く間違っていた。石油カルテルは、昔も今も産油国に対する帝国的な略奪強姦を行っており、彼らの利益を最優先して干渉したり外交政策を決定したりする活動は、アラブ・イスラム世界とアメリカの良好な関係を損なうものであり、アメリカの国防利益を守るどころか脅かしている。アチソンのソ連の赤信号に関しては、ボルシェビキ革命以来、石油産業、特にロックフェラーはボルシェビキ指導部と非常に快適で温かい関係を享受してきた。そのメンバーの一人、アンリ・デテルディング卿が、ボルシェビキと手を組んでいると揶揄したところ、門前払いを食らったのである。ロックフェラー家は長い間、ボルシェビキとあからさまに不正な関係を持っていた。いずれにせよ、イランとイラクへの侵攻にロシアを招いたのは、石油業界の全面的な承認を得たチャーチルではなかったか？石油カルテルの権力に疑問の余地はなかった。トルーマンの司法長官は、何年も前に、世界は帝国石油産業の支配から解放されなければならないと警告していた。

> グローバル石油カルテルは、重要かつ不可欠なグローバル産業を個人の手で支配する権威主義的なパワーである。現在の調査を終了するという決定は、独占や制

> 限的なカルテル行為に対する我々の嫌悪感が世界最大の産業に及ばないことを認めたと世界から見られるだろう。

これは要するに、私が石油産業に対して訴えていることなのです。予想通り、ロックフェラーとその弁護団、特にアチソンが勝利した。失うものは何もないトルーマンは、ホワイトハウスを去る準備として、司法長官に「国家安全保障のために」カルテルに対する訴訟を取り下げるよう要請した。

第16章

イラクの土地を盗んで作られたクウェート

アメリカ国民を喜ばせるために、意味不明ではあるが、トルーマンは民事訴訟の続行を認めると宣言したのである。しかし、石油会社が召喚を拒否したことで、その策略が明らかになった。トルーマンとアチェソンに代わって、300人委員会、ロックフェラー、CFRの有力な召使であるアイゼンハワーとダレスがこの事件を静かに取り下げた。こうして、石油帝国主義という癌が蔓延する舞台が整ったのである。

カーミット・ルーズベルトは、モサデグ首相打倒の陰謀に当初から関わっていた。1953年4月、腐敗した主人に対する民事裁判の準備をしている間にも、カーミットはテヘランで、4月15日に勃発し、成功したモサデグに対する間近のクーデターを監督していた。ロックフェラーとアイゼンハワーが共謀しているとは知らなかったモサデグは、アイゼンハワーに訴え続けた。アイゼンハワーはロックフェラーと石油カルテルの哀れなおもちゃであり、イランにおけるCIAの違法行為を止めることは何もしなかった。

モサデグの失脚後、国王はイランに戻ったが、モサデグ博士の仕事を通じて、アメリカの石油会社がイランの埋蔵石油を抜き取り、大きな利益を上げていることを知り、すぐに幻滅してしまった。

メキシコやベネズエラの要求の前例と、サウジアラビアに支払った多額の賄賂から、国王は、イランが受け取っていた石油収入よりはるかに大きな分け前を要求する時が来たと考えたのである。国王は、ベネズエラの石油産業が、フアン・ヴィンセンテ・ゴメスの賄賂によって、アメリカ人にベネズエラの石油法を書かせ、1922年にマラカイボで悲惨なストライキを起こしたことを知ったのである。しかし、シャーの提供した情報は、彼を破滅させることになった。ワシントンでの石油カルテルのメンバーに対する民事訴訟は頓挫し始め、カーミット・ルーズベルトがテヘランに怒りをぶつけている間にも、アイゼンハワーは司法長官に、裁判所と石油カルテルの間で面子を保つ妥協案を模索するよう依頼した。

> "...石油供給の主要な供給源である中東における自由世界の利益を守ることになる。

さらに驚くべきことに、アイゼンハワーは、司法長官に「今後は、国家安全保障上の利益に対して、反トラスト法は二の次と考えるように」と指示したのである。ホメイニ師が米国を「大魔神」と呼んだのもうなずける。石油業界に関して言えば、当然の蔑称である。帝国主義アメリカの旗の下に行動したアイゼンハワーは、石油カルテルに好きなように行動する白紙委任状を与えたのである。

ホメイニは、「大魔神」はアメリカ国民ではなく、腐敗した政府であると注意深く述べている。アメリカ政府が自国民に嘘をついてきたこと、石油産業の利益のためにこの国の息子や娘に犠牲を要求してきたことを考えれば、確かにホメイニがそのような特徴を持つことは正当化されるかもしれない。

石油カルテルのメンバーに対する茶番の民事訴訟を通じて、国務省は被告を「いわゆる石油カルテル」と呼び続けたが、セブン・シスターズとアシュナカリー城の陰謀の参加者に「いわゆる」がないことを十分承知していたのである。当時の国務省は、ロックフェラーやロスチャイルドのシンパが多く、現在もそうであることを付け加えておこう。

国務省がカルテルのメンバーに謝罪したことで、結局はカルテルが優勢になった。こうして正義は曲げられ、侵害され、共謀者たちは今日でもそうであるように、その罪を免れたのである。国務省が発表した「セブン・シスターズ」がソ連のサウジ、イラン油田への侵入を撃退する先頭に立ったというのは、ジョン・D・ロックフェラー以来の石油産業がついた一連の嘘の中の見え透いた一つの嘘であった。

1953年、帝国イギリスとアメリカの主要石油会社が、「イラン問題」と呼ばれるものに対して、統一的に行動する必要性を訴える巨大な陰謀に乗り出したのだ。(ウィリアム・フレイザー卿は、モービル、テキサコ、ソコール、BP、シェル、ガルフ・オイルに手紙を出し、イランとの問題にきっぱりと決着をつけるために、できるだけ早く意見交換の場を設けるよう提案したのだ。

米国の主要石油会社の代表者は、英国の代表者とともにロンドンに集まった（米国で共謀罪を回避しようとする者たちが長年好んで集まる場所である）。フランス企業のFrançaise des Pétroles（フランセーズ・デ・ペトロル）の代表も参加した。イランの石油を完全に支配するために、カルテルを形成すること-
ただ、それは「コンソーシアム」と呼ばれる-
が合意された。数十年後、カルテルに対抗しようとしたシャーは、逃げ回らされ、そして殺された。

この手紙とその後のカルテル協定は、カーター帝国政権の国王排除の陰謀の基礎となり、実際、モサデグ博士を排除するために使われた手法の丸写しであった。テヘランには、国王を弱体化させるために「銀行家派」のCIAエージェントが60人ほど送り込まれた。また、1967年のアラブ・イスラエル戦争でも、石油産業の力が発揮された。

1967年6月4日、イスラエル軍がエジプトに侵攻し、短期間ではあるがアラブ諸国による欧米全体のボイコットが始まった。このボイコットは、その後、イスラエルの主要な財政的支援者であるイギリスとアメリカに縮小された。国内の新しい油田を開拓する代わりに、石油会社は理由もないのにガス代を値上げしたのです。石油会社は安いサウジの石油から精製した数十億ガロンのガソリンを大量に備蓄していたので、値上げする理由がなかったと言うのです。エジプト外相が示唆したのは

> "・・・我々を攻撃した侵略者イスラエルへの支援は、侵略者イスラエルへの膨大な武器輸送だけでなく、アメリカ国民が今支払わなければならないガソリン価格の上昇を通じて、アメリカの納税者に何十億ドルもの損害を与えた。"

私は、外国の石油会社と共謀してアメリカ国民から略奪、窃盗、強盗を行い、選挙で選ばれた政府の外交政策を損ない、一般に何百もの犯罪行為を行った政府内の政府として活動してきた石油業界に対する犯罪共謀の強力な事例を立証したと思っている。アメリカはあらゆる意味で帝国主義的な国になってしまった。

米国とクウェートのもう一つの同盟国であるサウジアラビアは、現在イランと対立しており、その安全保障を危惧している。ファハド国王は目立たないように、そして水面下では、米国に軍事基地を王国から移転させるよう、家族から大きな圧力を受けているのである。ファハド国王は、湾岸戦争後、国民の不安の高まりを抑えようと、さまざまな改革を行うはずだった。クウェートと同様、「民主的」な改革は美辞麗句が多く、行動が伴わない

ものであった。支配者一族は、石油カルテルに立ち向かうどころか、国への支配力を緩める気もない。

1992年3月、ファハド国王は約束された改革の一環として、検閲を解除すると宣言した。この声明は、1992年1月18日に逮捕されたサウジアラビアのジャーナリスト、ズハイル・アル・サフワニが、アブドゥル・アジズ家について、サウド家が真実に近いと不快に思うような発言をしたために、4年の刑を宣告されたことに続く残虐な扱いである。4年の実刑判決に加え、アル・サフワニは300回の鞭打ちを受け、左半身に麻痺が残りました。

このような恐ろしい拷問は、もしそれが南アフリカやイラク、マレーシアで行われたなら、CNN、ABC、NBC、FOX、*New York Times*のヘッドラインを飾ったことだろう。シンガポールの裁判所で、麻薬密売で有罪判決を受けた若いアメリカ人が杖の9打を言い渡されたとき、クリントン大統領でさえ慈悲を訴えた。

しかし、この恐ろしい残虐行為がサウジアラビアで起こったために、真実、完全な真実を伝えることを愛する我々の勇敢なメディアの巨人たちは、耳をつんざくような沈黙を守っている。CNN、CBS、ABC、NBC、FOXからは、サウジアラビアを非難する言葉は一言も出なかった。

アメリカ政府はサウジの専制君主と共謀している。だから、サウジの「民主主義」に現実であれ想像であれ脅威があれば、そこに軍隊を急行させるのである。実際、米軍はサウジアラビアのダーランに駐留し、今日世界で最も専制的な政権の一つを保護し永続させるためにのみ存在する。正しいことは、米軍を帰還させ、ロックフェラー家が始めたプログラム以来、何十億ドルもの「保護する権利」の支払いを取り消すことだろう。サウジアラビアの支配者が米国の石油会社に油田から石油を汲み上げるように誘導するために支払ったお金は、外国で支払った税金として米国の所得税から差し引かれる。アメリカ国民はこのコストを不当に負担しなければならない。

一方、ソマリアの石油産業はうまくいっていなかった。私のモノグラフ『What Are We Doing in Somalia』が明らかにしているように、[7]
ブッシュ前大統領は、依然として石油産業のために、ソマリアに米軍を送り込み、表向きは飢えたソマリアの人々を養うためであった。私のモノグラフは、ブッシュ政権のこの仮面をはぎ取り、ソマリアへの米軍部隊の駐留の背後にある真の意図と目的を明らかにしたものである
。

*World In Review*誌によると、米国は紅海に面し、サウジアラビアの油田地帯にまたがる戦略的な港町ベルベーラの旧基地の改修に携わっているとのことだった。また、ソマリアでは石油が豊富にあるといわれ、石油の試掘隊を保護するために米軍が駐留していることも明らかにした。ベルベラの基地が新しく改装されたことで、サウジアラビアに米軍が駐留することに対するシーア派の不安は解消されるかもしれないが、その一方で、ソマリアの石油が出始めたら、王国にとって収入減となる可能性もある。とはいえ、リヤドの宗教家が米国に王国から去るよう警告することを主張したことは、ファハド国王とその息子たちの一部には不評である。

彼女は、宮廷内の家族の違いをとてもわかりやすく表面化させてくれました。彼女の健康状態が悪化し、サウジアラビア王室の支配を緩めるよう求める声もあり、延々と続くと思われたサウジ王室の明るい未来が暗転し始めたのである。

---

[7]"ソマリア "で何をするのか？

サウジとワッハーブの絶対的な権力が続くことに対する宗教的な反対の強さを物語っていた。毎日、シーア派やその他の原理主義者が新たな挑発を行い、ファハド国王が当面選挙を行うという約束を守るよう求めているが、国王は全くその気がない。かつてサウジアラビアの専制君主アブドゥル・アジズ家は、その独裁体制に反対する部外者に対して統一戦線を張っていた。

情報筋の話によると、これはもはや事実ではない。一族の激しい対立とファハド王の死が、かつての統一戦線を脅かす。リヤドは彼らを「宗教的急進派」と呼んでいるが、実際は国の統治方法について発言権を求めるイスラム教の指導者たちである。

2006年7月に始まったレバノンでのヒズボラとイスラエル軍との戦争は、リヤドにも憂慮すべき影響を及ぼした。原理主義者たちは、サウジ政権が公然とヒズボラ側につくことを望んでおり、支配者アブドゥル・アジズ一族はそれを避けたかったのだ。アラブやイスラムの産油国との石油戦争が続く中、石油産業はますます米軍を巻き込み、石油戦争に挑んでいる。

ブッシュには、イラク戦争に米軍を派遣する憲法上の権限がなかったことを忘れてはならない。宣戦布告できるのは議会だけです。大統領はどこにも軍隊を派遣する権限はなく、クウェートにあるBPの資産の保管に従ってサウジアラビアに駐留する軍隊を維持する権限もない。

つまり、ブッシュは議会の承認（宣戦布告という形）なしに米軍をどこにも派遣する権限を持たないが、文字通り重大な犯罪、つまり宣誓違反で逃げ切ったのである。この罪で、彼は憲法を守らず戦争犯罪などで起訴されるべきであったのだ。

しかし、下院の民主党と共和党は、サダム・フセイン大統領に対する行進に同行せず、反逆罪からブッシュを守ろうとするのは不誠実だと考え、ゴンザレス議員の努力は阻まれたのである。このことは、重要な問題については、アメリカの2つの政党の間にほとんど差がないことを示している。その結果、米国の外交政策は帝国主義的な大国へと悪化してしまった。1991年以来、議会は「テロ」との戦いを口実に、あらゆる違憲の法律を成立させてきた。米国議会はブッシュと国防総省に関節に鋭い一撃を与えなければならない。米国が他国の主権的な問題に干渉しようとすることは、世界にとって、そして大多数のアメリカ人にとっても、極端な暴力行為としか思えないだろう。

最も恐ろしいことの一つは、ジョージ・ブッシュが小国に対して核兵器の使用を提案したことに対して、世論の反発がないことだ。アメリカは30年前から「核兵器の使用を禁止するべきだ」と言い続けてきた。しかし、有権者に選ばれたわけでもないのに、貴重な石油資源の上にある「赤い州」であれば、国を攻撃しても構わないという危険な前例を作っている人物がここにいるのだ。軍隊が石油産業の攻撃犬になることは許されない。湾岸戦争から何かを学んだはずだ。

偉大な憲法学者であるジョセフ・ストーリー判事の著作『合衆国*憲法解説*』第3巻、特に第5章を研究すると、国防長官とペンタゴンが米国の外交政策を決定し実施する権限を持っていることについては、全く言及されていない。ブッシュが中東で行っているようなあからさまな権力の乱用を阻止できるようにするために、すべての国会議員にこの本を読むことを義務付けるべきである。石油業界は、2大産油国を弱体化させ、急速に崩壊するように仕向けるには良い方法だと考えたのだ。ブッシュ大統領は、議会からの権限なしに、イラクに対する憎悪の風潮を作り出した。米軍がイラクの人々に対して帝国主義的な消耗戦を行う口実を得ることができると考え、すべては石油産業の利益のためである。この国はいつになったら、石油産業が欲の尽きない一世界政府のグローバリストによって運営されていることを知るのだろうか。石油業界は信用できない。そのリーダーたちは、自分たちの都合のいいように、この国をあらゆる困難に陥れようとする、本当の問題児たちだ。

イラクに駐留する米軍の最新の死傷者数は、国家の恥である。私たちの軍隊は、アメリカのために戦っているわけではありません。彼らはバグダッドで、石油カルテルのためにイラクの石油埋蔵量を確保しているのです。そして、我々の軍隊はアブドゥル・アジーズ王朝を維持するためにサウジアラビアにいる。彼らの政権は、アメリカの巨大企業ARAMCOに石油を流し続けるためのマウントバンク政権であるからだ。石油産業の強欲の祭壇の上で、一人のアメリカ人兵士も二度と犠牲にしてはならない。

誰がこの危険地帯に軍隊を送り込み、どのような憲法上の権限のもとに行われたのか。ジョージ・ハーバート・ウォーカー・ブッシュと国防総省が、（サウジアラビアに次いで）世界で最も不健全な独裁国家の一つであるクウェートを防衛しようと狂奔したことは、ワシントンにおける無秩序と混沌の状態を示している。ブリティッシュ・ペトロリアム社とロンドン・シティの銀行家のためにクウェートに殺到した米軍と物資は、アメリカ国民が高度な洗脳状態に陥っていることを明らかにした。整理してみましょう。

クウェートは国ではない。ブリティッシュ・ペトロリアムとシティ・オブ・ロンドンの銀行家の付属物である。クウェートと呼ばれる領土はイラクに属し、400年以上にわたってイラクの一部として認識されてきた。しかし、イギリス軍が上陸し、砂漠の砂に線を引いて「ここは今のクウェートだ」と宣言するまでは。もちろん、架空の国境は、この地域で最も豊かな油田、400年前から今もイラクに属しているルメイラ油田のど真ん中にあったのだ。土地を盗んでも、所有権は移らない。

引用元：「Diplomacy by Deception:」より。[8]

> 1880年、英国政府はアラブの首長であるアブドゥッラー・アル・サラーム・アル・サバ首長と親しくなり、イラク領内でルメイラ油田が発見されたイラク南部国境沿いの地域の代表に任命された。当時、クウェートという国は存在せず、この土地はすべてイラクに属していた。
>
> アル・サバ一族は、豊かな戦利品に目を光らせていた....。300人委員会に代わって、1899年11月25日、つまりイギリスが南アフリカの小さなボーア共和国と戦争をしたのと同じ年に、イギリス政府はアル・サバ首長と、ルメイラのイラク油田に侵食されている土地をイギリス政府に譲り渡すという合意に達した。この土地はイラクの不可分の一部であり、アル・サバ首長もイギリスも何の権利も持っていないが、この土地に侵食されている土地はイギリス政府に割譲する。

この協定は、ロンドンを訪れたムバラク・アル・サバ国王によって署名されました。クウェート」は事実上、イギリスの保護領となっている。地元住民やイラク政府には何の相談もなく、発言権もない。絶対的な独裁者であるアル・サバ夫妻は、すぐに冷酷なまでの残虐性を発揮した。1915年、英国はバグダッドに進軍し、ジョージ・ブッシュが「残忍な侵略」と呼ぶような行為でバグダッドを占領した。

イギリス政府は、自称「委任統治領」を設定し、その長としてコックス高等弁務官を送り込み、バスラの傀儡政

[8] *嘘による外交-英米両政府の裏切りに関する記述*』ジョン・コールマン、オムニア・ヴェリタス社、www.omnia-veritas.com。

権の長にシリアのファイサル前国王を任命した。イギリスはこれで、イラク北部に1人、イラク南部に1人の傀儡を抱えることになった......。

1961年、イラクのアブドゥル・カッセム首相は、クウェート問題をめぐって、ローザンヌ会議で約束された交渉が行われていないことを指摘し、イギリスを激しく攻撃した。カセム氏は、クウェートという領土はイラクの不可欠な一部であり、オスマン帝国によって400年以上にわたってそのように認識されてきたと述べた。その代わり、イギリス政府はクウェートの独立を認めました...。

クウェート」と「イラク」の間には、実際には国境はなく、すべて茶番劇だったのだ。もし、カセムがクウェートの占領地を奪還することに成功すれば、イギリスの支配者は何十億ドルもの石油収入を失うことになっただろう。しかし、クウェート独立後、カセムが姿を消すと（イギリスMI6の工作員に殺されたのは間違いない）、イギリスに逆らう運動は勢いを失った。

1961年にクウェートに独立を認め、その土地が自分たちのものでないことを無視することで、イギリスはイラクの正当な主張を押し通すことができたのだ。イギリス政府がパレスチナ、インド、そして後に南アフリカで同じことをしたことは知っている。

その後30年間、クウェートはイギリスの属国であり続け、イラクの石油を売ってイギリスの銀行に何十億ドルも注ぎ込んだが、イラクは何も受け取らなかった......。イギリスがクウェートと称してイラクの国土を奪い、独立させたことは、近代における最も大胆な海賊行為のひとつであり、湾岸戦争に直接的に貢献したと言わなければならない。

私は、湾岸戦争に至るまでの経緯、300人委員会の力、アメリカのイラクに対する姿勢の不当性などを、とことん説明してきました。

ブッシュ大統領は、石油カルテルが行ったのと同じ100%違法な戦術を繰り返した。このような振る舞いが、米国を無政府状態と混沌に導いているのである。1991年以来、イラクの女性や子どもたちは、劣化ウラン弾の放射能による病気や、19年間続いた非人道的なボイコットによる栄養失調で、何十万人も亡くなっている。

イラクには食糧や医療品を購入する資金がなかったのですが、EUがそれを提供してくれたのです。

国連の禁輸措置は、寛大にも承認された。石油収入が生活レベル以下にまで落ち込んだイラクが、どうやってこれらの必需品を買うことができたのだろうか。バグダッドの子供たちの間では髄膜炎が蔓延し、イギリスとアメリカは、自分たちに危害を加えなかった人々の命を賭けることになった。この18年間、対イラク帝国主義が頂点に君臨してきた。それを正当化する理由はなく、アメリカが石油カルテルに金を払うのは完全に違憲である。石油カルテルにとって、詐欺の規模は大きすぎず、小さすぎず、不愉快なことはない。

2008年半ば、私たちは再び、帝国石油カルテルがそれ自体が法律であり、どの政府も抑制や制御ができない冷酷な組織であることを目の当たりにしている。アメリカのアラスカに埋蔵されている石油が、中国の製油所に定期的に供給されているという驚くべき事態を目の当たりにしている。米国と中国が対立することはないのか？それはまだわからない。

中東では、石油メジャーによる駆逐政策を目の当たりにし、イラク国民はその犠牲者である。この恐ろしい物語は、一部の人々が目を開いて何が起こっているのかを疑い始めないように、メディアによってうまく隠されてきた。米英は、今日の世界でもっとも帝国主義的で退廃的な二国であり、その指導のもとで、帝国主義が疫病のように栄え、広がっていることを決して忘れてはならない。アメリカ人は、ほんの数年前なら許さなかったようなことを、今では許容しているのです。

ジョージ・ブッシュ元大統領もクリントン大統領も干渉の罪を犯している。ジョージ・ブッシュ・シニアが、国際法や米国憲法の下で何の権限もなく一方的に、イラク上空に2つのいわゆる「飛行禁止区域」を設定したとき、彼は米国憲法に違反し、自分の行動を裏付ける何の権限もなく、イラクという主権国家と米国民に自分の意志を押し付けた。

この行為は、サダム・フセインによって侵略の危機にさらされていたクルドの人々を守るために行われたとされている。これほど一方的な独裁行為が、アメリカ国民の名の下に、アメリカ軍の重圧によって強化されて行われたことはない。そして2008年の今、私たちはジョージ・ブッシュの怪しげな行動を、まるで世界中が恐れおののく王様のように我慢しているのだ。アメリカ、どうしたんだ?

飛行禁止区域を許可する安保理決議番号の国連事務局はなく、安保理は飛行禁止区域を対象とする決議も出していない。ブッシュ氏は一方的にこの措置をとった。国務省は、米国の確立された法律や最高法規である米国憲法に、「飛行禁止区域」の認可があることを挙げることができないでいる。ジョージ・ブッシュ・シニアの一方的な行動は、帝国主義的な独裁者の仕業であることは明らかである。法の支配に対する長年の尊敬、憲法に対する尊敬は、傲慢で帝国主義的なブッシュ大統領によって踏みにじられた。アメリカ人は、石油王が違法・非合法な行為をしているのを見逃して満足しているようだ。

ジョージ・ブッシュ・シニアは石油業界で最も重要な人物の一人であり、クルド人の福祉には何の関心もない。

この無法集団が目をつけた石油産業は、イラクのモスル地方に眠る未開発の巨大な石油資源である。偶然にも、ジョージ・ブッシュが「保護」したかったクルド人は、モスル油田があるイラクの土地をまさに占領している。そこで、石油王でエリザベス2世の友人でもあるジョージ・ブッシュは、「飛行禁止区域ではイラクの航空機は飛べない」と宣言したのである。

ブッシュ・シニアは、「飛行禁止区域」でクルド人を保護すべきだと言った。しかし、ほんの数キロ先では、トルコ軍に殺されたクルド人の数が奇妙な背景となっている。もちろん、アメリカの外交政策が石油メジャーによって決定されていることを知れば、これは理にかなっている。モスルの石油ビライブが「飛行禁止区域」とバグダッドの無防備な市民に数百万ドルの巡航ミサイルを2発発射した本当の理由だと理解し始めると、さらに理にかなっていることになる。

アメリカ国民は、世界で最も騙されやすく、欺かれやすく、規制され、偽情報の密林と恥知らずのプロパガンダのさらに密な藪の中に住んでいる。その結果、アメリカ国民は、自分たちの政府が、独裁者になろうとする者や暴君がその専制的で違憲な行動を隠蔽することを可能にする秘密のハイレベル並行組織、300人委員会の指示下にある政府であることに気づかないのである。ブッシュのイラクに対する外交政策に疑問を呈する者は誰でも非国民のレッテルを貼られるが、実際には非国民はブッシュ一家と、彼らのイラク、ひいては中東全体に対する石油カルテルの政策を支持する者たちである。この人たちは、イラクへのまったく違憲な空爆と（国際法上）違法なボイコット、セルビアへの違憲な空爆、イランやレバノンの人びとに対する侵略行為を支持した人たちである。石油王から安全な国はない。カリフォルニア州には、ロサンゼルス、ベーカーズフィールド、サンフランシスコ周辺など、数十の製油所がある。州内には石油がたくさんあります。しかし、カリフォルニアの市民は長年、石油業界の強欲に騙されてきた。カンザス州でガソリンが1ガロン79セントの時、カリフォルニアの人々は1ガロン1.35ドルを払っていた。

しかし、カリフォルニア州議会は彼らの懐に入り込んでおり、大物たちは何を心配していたのだろうか？そうして、価格破壊は続いていった。ポンプのガソリン価格は、レギュラーガソリンが2.65ドル、プレミアムガソリンが3.99ドル/10thsと驚異的に上昇した。この衝撃的な値上げに正当な理由はない。欲が原動力だった。製油所では原油が不足することはなく、ガソリンの在庫もほぼ通常水準で推移しています。

米軍は今や巨大な石油産業モンスターの傭兵である。米軍は、石油産業の怪物たちの欲と利益のために、次から次へと地域戦争に引きずり込まれることになる。米国の納税者は、ARAMCOがサウジアラビアで石油を採掘し続けることができる「ゆすりの対価」を提供し続けることになるのだ。必要なのは、アメリカ国民の大いなる覚醒である。昔の宗教的な目覚めのように、法と秩序とアメリカ憲法への愛の精神が、このかつての偉大な国を一掃し、人間ではなく法の国として回復させるために必要なのである。

現代の強盗王は、その長い歴史の中で最も大胆かつ恥知らずな方法で、アメリカ国民から搾取しているのである。石油カルテルは冷酷で、組織化されており、アメリカ政府であれ、他の国であれ、政府の干渉を許さない。アメリカの納税者は、政府の代理人を通じてサウジアラビアの支配者一族に支払われた賄賂の費用を負担させられている。彼らはそれを買い、支払い、今でもあなたが車に燃料を入れるたびにその費用を支払っている。

アメリカ人は、自国を含む多くの国の法律を無視するこの巨大カルテルの実態を知る必要がある。そして、知ることによって、是正措置を取ることを望み、世論が立法者に圧力をかけ、独占を断ち切らせることができるのだ。このカルテルの背後には、CIA（米国中央情報局）の力がある。この全権カルテルに反対する者は、安全であるはずがない。彼らは、ワシントンで選出された我々の代表から意味のある反対をすることなく、アメリカ国民に「大泥棒、ガソリン」を押し付けてきたのだ。これは、近代史で行われたものを凌駕する腐敗の歴史である。

下院と上院は、大企業が我々の生活を消費するのを止めるために何もしないか、あるいは彼らの権力を恐れて、それを制限するためのわずかな試みさえもしないのだ。

アメリカの石油業界に図表を作らせて、好きなだけ言わせておけばいい。彼らの経済学者に、なぜ我々が彼らのビジネスのコストを負担しなければならないか、陰険な取引、なぜアメリカ国民が彼らの独占を維持するために従事しているCIAの給料を支払わなければならないかを説明させても、我々が事実を知れば、彼らの努力が大嘘であることは明白である。

事実はどうなのか？カルテルが税法を操作したため、1976年以来、アメリカでは新しい石油精製施設が建設されていない。一方、サウジアラビアでは、アメリカの税金がサウジ王室に賄賂として支払われたおかげで、石油施設の拡張に数十億ドルが投じられている。

1992年から今日までの間に、36以上のアメリカの製油所が閉鎖された。1990年から今日までの間に、米国の石油掘削装置の数は657基から153基へと減少した。アメリカで石油開発に従事するアメリカ人の数は、10年の間に40万5千人から29万3千人に減少している。では、私たちが使う量が増えている石油はどこから来ているのでしょうか。中東！？こうして、私たちは3つの打撃を受けることになる。

- 米国の税制では、独立した掘削業者が石油開発事業にとどまることは不可能である。
- 完成品の精製と流通は独占状態です。
- この裏切りによって利益を得ているのはARAMCOである。ARAMCOはサウジ産のガソリンを高く買って、アメリカの運転手を犠牲にして法外な利益を得ることができるのだ。

アメリカのマフィア「ファミリー」の財産など、はした金にしかならない。なぜ石油業界に対してRICO法が施行されないのですか？立法府にいる彼らの工作員のおかげで、何十年も「ガスを盗む」という行為から逃れることができたのです。

議員たちがこの嘆かわしい事件を取り上げ、彼らが沈黙しているためにアメリカの風景に永久に残ることになった、ガスポンプでの盗難の横行に終止符を打とうではありませんか。ひとつ言えることは、石油カルテルは1ガロン4.50ドルを強要するまで止めないということだ。

第17章

ロックフェラー、国務省に苦言
イギリス、イラクに侵攻

イラクの石油に対する英米の欲望は、傀儡政権で絞首刑になった大悪党サダム・フセイン大統領がまだ生まれていない1912年に遡り、ロイヤル・ダッチ・シェル社の創業者アンリ・デテルディングが、多くの産油国で石油利権を獲得していた時代である。1912年、データーディングは、カリフォルニア油田会社やロクサナ・ペトロリアムなど、大小さまざまな石油会社を買収し、カリフォルニアのアメリカ石油利権に関心を持つようになった。

当然、ロックフェラーのスタンダード・オイル社は、デターディングを国務省に提訴したが、デターディングは、提訴を無効とするために、スタンダード社にシェルのカリフォルニアの会社の株を買わせる。しかし、ジョン・D氏は、データーディング社からの申し出に応じることは、シェル社がアメリカ市場を開拓するための資金を援助することになるとは思ってもいなかったようだ。しかし、1917年、ウィルソン大統領が宣誓に反して、アメリカを第一次世界大戦に引きずり込むと、すべてが変わった。

突然、一夜にして、スタンダード社、特にロイヤル・ダッチ・シェルのデーターディング社を攻撃していたイギリスが、一転して攻撃するようになったのです。作品の悪役はカイザー・ヴィルヘルム2世となり、ヘンリー・データーディングは突然重要な味方になるのだ。

この心変わりのちょうど1年前、英国は国際法に明白に違反してイラクに侵攻したが、英国の侵攻を支持しないフランスに見捨てられ、モスルに到達することができなかった。フランスはイギリスを助ける代わりに、トルコと協定を結び、モスル油田の一部をトルコに譲り渡した。この侵略者の神経を想像してみてください。彼らはスターリンを「独裁者」と呼んだが、イギリス、フランス、トルコ、そして最近ではアメリカほど、イラクに対して独裁的な行動をとった国はない。

イラクの石油泥棒と言われる人々の争いは、1920年4月24日のサンレモ会議まで続いた。この会議で、イギリス、フランス、トルコは、イラクを含まずイラクが利益を得ない石油コングロマリットに関する一定の配慮と引き換えに、モスルの大部分をイギリスに譲り渡すことに合意した。イラク政府には一切相談がなかった。

1920年5月、国務省はアメリカ議会に、イギリスがモスルなどいくつかの重要な油田を押収していることを訴えに行った。国務省がイラクの人々の権利を気にしていたわけではありません。繰り返すが、イラクの土地と石油資産が区画整理され、石油カルテルのメンバーという高値をつける者に売られている間、イラクには何の相談もなかった。むしろ、国務省が懸念したのは、ジョン・D・ロックフェラーとスタンダードオイルがモスル「取引」から完全に排除されていたことである。

国務省、ローザンヌで新たな複数政党による会議を開催するよう働きかけ、推進する。米国をはじめとする「利害関係国」との会談に応じるという名目で、英国は新たなイラク侵攻を開始し、今度は英国軍がモスルへの到達と制圧に成功したのである。ついにイギリスが大賞を手に入れた!この大胆な侵略行為について、世界のマスコミは何も語らなかった。

南アフリカ共和国のトランスバール共和国から金の支配権を奪おうとした無慈悲なイギリス帝国軍の侵略に疑問があるとすれば、それは数年後、イラクにおけるイギリス軍の行動によって払拭されたのであった。

セシル・ジョン・ローズが主人であるロスチャイルド家のために始めた金の探求が、今度はイラクで「黒い金」を求めて繰り返されているのである。ローザンヌにイラクを招き、「原油の大盗掘」のイメージを和らげようという試みもなかった。実際、イギリスのマスコミは、いわゆるホワイトホール外交の成功にほくそ笑んでいた。

トルコがどんなに頑張っても、イラクの石油を手に入れる正当な権利と考えるイギリスを追い出すことはできなかったのですちょっと考えてみてください。1921年4月23日、第2回ローザンヌ会議で、トルコは、英国がモスルの「法的所有権」を絵に描いたように持っており、これはモスルが属しているイラク国民の同意がないことを認めただけである。こうしてイギリスは、軍事力の優位性だけで、モスル、そして超富裕層のアワズとキルクークの油田を手に入れたのである。

*ロンドンのフィナンシャル・タイムズ紙の*英国特派員が喜んだのも無理はない。

> 私たち英国人は、互いに近接し、帝国の石油需要を長年にわたって供給できる3つの巨大油田が、ほとんどすべて英国企業によって開発されていることに満足することだろう。

出典：ロンドン・*フィナンシャルタイムズ*紙
大英博物館（ロンドン

しかし、イギリスの勝利も束の間であった。国際連盟は、怒ったフランス、ロシア、トルコによって再招集されたとき、イギリスの武力侵略とモスル獲得を正当なものと認めず、この都市を正当な所有者であるイラク国民に返還したのである。それ以来、イギリスとアメリカはイラクからモスルを奪おうとしており、今日のイラクとの戦闘は、彼らの夢が現実となることを願ってのことである。

おそらく、ジョージ・ブッシュ・シニアが、議会の委任がないことを認識していたはずなのに、米軍にイラク攻撃を命じた理由、したがって、その宣誓と国際法に違反していることについて、よりバランスの取れた見解が得られるだろう。米国下院と上院は、300人委員会からの報復を恐れて、この違法行為を資金削減という憲法違反の行為で阻止することができなかった。恐怖心は、国家の運命に大きな影響を与える。恐怖心はなくなりません。ロスチャイルド家がフランス政府を脅して、国の金融支配の条件を飲ませるよう集団に命じた時、冷酷な共産主義者の大軍がパリ共産党に押し寄せたのである。武力行使に恐れをなしたフランス政府は、ロスチャイルド家の要求に屈してしまった。アメリカ議会も、石油カルテルが怖くて反対できない、という苦境に立たされたようだ。もしアメリカ合衆国が300人委員会、ロスチャイルド家、ロックフェラー家とその石油カルテル、国際銀行家の権力に支えられていなければ、そしてアメリカの上下院の多くの主要メンバーが外交問題評議会（CFR）に口出しされていなければ、アメリカ上下院はイラクに対する大量虐殺戦争を阻止していただろう。以下のリストは2006年のものだが、この2年間で強化されたであろうCFRの統制をある程度示すものである。

ホワイトハウス	5
国家安全保障会議	9
国務省	27

海外駐在の米国大使	25
国防省	12
陸軍参謀本部	8
司法省	6
上院	15
衆議院	25

米国の上下両院はイラクに宣戦布告せず、拘束力のある宣戦布告という形で適切な憲法上の同意を与えていないので、1991年と2003年のイラク侵攻は明らかに違法・不法であり、米国をすべての盗賊の名付け親である石油カルテルの大物の支配下の盗賊国家に変えてしまったのである。石油のために戦う」をモットーとする石油カルテルの男たちは、中国、アラスカ、ベネズエラ、インドネシア、マレーシア、コンゴと、他の地域もおろそかにしていない。彼らの出番は必ず来る。

第18章

アラスカを石油に奪われる環境

1997年4月、『WIR』誌は、当時予定されていたものよりはるかに広い範囲と意味を持つ「取引」を報じた。ロビイストのトミー・ボッグス氏と知事のトニー・ノウルズ氏が、アラスカの州立公園の地下に眠る膨大な石油資源をブリティッシュ・ペトロリアム社に開放するためには、内務長官ブルース・バビットの全面協力が必要であった。

1995年1月、ホワイトハウスの「コーヒーショップ」で、クリントン大統領とトミー・ボッグス氏のゲームプランについて話し合い、一晩泊めてもらうことになった。この計画は、アラスカ州のフラン・ウルマー副知事によって、1996年2月28日の朝、ホワイトハウスのマップルームで行われた「コーヒー」の席で詳しく語られた。

アラスカの国家石油備蓄をブリティッシュ・ペトロリアム社に売却し、その石油で中国の増大する原油需要に応えるという方針を打ち出したノールズは、まず1996年の「州議会」での演説を舞台に、大見得を切ることにした。

> ちょうど5年前、州内で最も多くの人を雇用している産業の電気を消すと言われました。今日、私たちのモットーは、昔のバンパーステッカーに書かれていた「主よ、もう一度オイルブームを起こさせてください、そして、私たちはそれを台無しにしないと約束します

」です。

2月7日、バビット内務大臣がちょうどいいタイミングでバッターボックスに現れたのだ。バビットは、「そもそも、掘削予定地の環境調査を行うべきだった」と、本末転倒の弁解を試みた。バビットは、調査が完了するどころか、まだ始まってさえいない段階で、この事業を承認する用意があるにもかかわらず、「環境を尊重することを保証する」と言い出した。

バビットは、石油業界の独裁者たちとビジネスをするための新しい方法を発表した。一方で、国立公園の土地で掘削を始める前にこのような調査を行い、議会に報告しなければならないと明記している国家環境政策法を無視し、議会をその場に追いやった。バビットは、そのポジティブに輝く後光で、アラスカの人々、そして全米の人々に語りかけた。

> 敵対的なスタイルを打破し、石油業界との新しいビジネスのあり方を打ち出すことができないか考えています。いろいろな可能性を持っていると思います。

ここでも、最終的な受益者がブリティッシュ・ペトロリアム（BP）であることは、一切触れられていない。バビットの言う「我々」とは、巨大なシェル石油をはじめとする多国籍石油会社のことで、彼らは常に自分たちが頻繁に背く国の法律を蔑ろにしてきた。

石油カルテルは、「我々が持っている」ことを視野に入れ、強欲な集団、陰謀団であり、その行動の結果を顧みず大きな損害を与えることができ、誰が反対しようと、アメリカの国家安全保障をどのように脅かそうと、常にその目的を達成できることを疑いなく証明している。

議会は、現代の強盗王を特別委員会に招き、アメリカ国民の大切な資産を守り、共産主義国家である中国にアラスカの石油を輸出することに真剣に異議を唱える憲法上の義務を負っているのである。しかし、議会はその義務を果たすことができず、惨めな結果に終わった。

茶番を続けて、バビットはこう言った。

> この夏、現場に出て、国家石油備蓄基地の隅々まで（2300万エーカー）調べたい。アンカレッジまで飛行機で行き、バローで飛行機を乗り換えてから、必要なだけNPRの中に消えて、あらゆる地質構造や湖を理解し、野生動物の問題を調べ、このプロセスに有意義な形で参加できるように準備するつもりだ。

これは、アメリカ国民がいかに地球上で最も加担し、騙されている人々であるかを示す好例である。2300万エーカーの「隅々まで」探査するのにどれだけの時間がかかるかを考えれば、バビットの意思表示がいかに誤解を招くものであったかがわかるだろう。国家石油備蓄（NPR）はインディアナ州ほどの大きさだが、長官はその「隅々まで探索する」という提案も、少なくとも1年間オフィスを空ける余裕があることも、説明しなかった。長官は、ブリティッシュ・ペトロリアム社の代表を伴って、プルドーベイ全体を封鎖し、そこから小規模の石油開発会社を即座に追い出すのだろうか。

アメリカ国民は、すぐにそれを知ることになる。DNRは、BP、Shell（世界最大の外資系石油会社2社）、Mobil、ARCO、その他ワイオミング州ジャクソンホールの陰謀家たちの保護区となり、「7人姉妹」の利益となるところだったのである。これは、アメリカの国家安全保障よりも利益を優先させた明らかなケースである。他の時代であれば、これは反逆罪と呼ばれたでしょう。

そして、クリントン大統領は、石油カルテルのために幕引きの演説をしたことからもわかるように、石油カルテルの私物となったのである。

多くのアメリカ人は知らないが、アメリカで生産される石油や天然ガスのかなりの割合が、連邦政府の土地から産出されている。これまで、規制の煩雑さや相反する判決によって、多くの企業がこれらのリソースを十分に活用することができませんでした。

また、アラスカの石油取引には、手をつけてはいけない国家非常事態準備金の石油が関わっていることを指摘するべきだった。国家戦略特区の1つです1969年、ハリー・シンクレアの会社を飲み込んだのは、ARCO社であった。クリントンが言っていたのは、1996年の夏会期末の104議会で行われた策略、奇策、欺瞞、奴隷制のことである。この議会は、報道機関の妨害もなく、環境保護団体の抗議もなく、ABC、NBC、CBS、その他のメディアのジャッカルからの抗議もなく、権力の中枢を汚す最も横柄な題名の誤解を招く法案、「連邦石油ガス簡素化と公平性に関する法案」を可決した。この法案は、議会にはびこる石油ロビイストの仕業である。

Fairness
Act」がもたらしたものは、すでに満杯の石油会社の金庫に、ひたすら金を注ぎ込むことだった。先ほども言ったように、このスキャンダルはティーポットドーム事件よりも影が薄く、連邦石油ガス簡素化・公正化法に比べれば二束三文である。

この制度の仕組みは、連邦の監査で、連邦の土地から採掘された石油のロイヤリティを財務省に支払うことを7年間モラトリアム（一時停止）と宣言している。それ以上に、私たちは目をこすって、自分たちが読んでいることが本当に法律の中にあるのかどうかを確かめなければならなかった。石油会社は、ロイヤリティの「過払い」を理由に連邦政府を訴えることができるという条項があるのだ。しかも、それだけではありません。この法律は、アメリカ国民が所有する連邦土地から採掘される石油に対して、強盗男爵が自分たちの「公正な市場価格」を設定することを認めるものである。もしかしたら、読者はこの驚くべき句を信じないかもしれない？しかし、この法案を何度も読み返した結果、この法案には、世界最大の外国石油会社2社（BPとシェル）に、議会が定めた金メッキで多額の利益を与えるという、まさにその通りのことが書かれていることが分かった。

原油の市場価格によって、石油会社が連邦政府に支払うべきロイヤリティの額が決まるが、議会で承認された法的規定によって、石油会社は独自の価格を設定することができ、将来的には数十億ドルのロイヤリティが国民から奪われることになるのである。1912年の連邦準備法のような詐欺が始まっているのだ。これが、ジャクソンホールで行われた共謀者会議の議題であり、クリントンは温和な司会者としての役割を果たした。つまり、ARCOの場合は35万ドルという比較的少額の選挙寄付で、中国のためにアラスカの石油詐欺に参加することになった大手石油会社に何十億ドルという金が渡されたのである。哀れなアメリカ国民は、議会にリーダーを持たず、アメリカのために最善を尽くしてくれるチャンピオンもなく、あることを実践して別のことを説くスーパーチャラ男の一群に翻弄されているのだ。クリントンは、1700万エーカーの北極圏原生林を掘削業者に開放する法案には拒否権を発動すると宣言しておきながら、もう一方の手を後ろに回して、はるかに豊かな報酬である国立公園保護区の石油を国家の緊急燃料としてのみ保護する扉を開けてしまったのだから、いかに騙されたかわかるというものだ。

ロックフェラー一族の遊び場であるワイオミング州ジャクソンホールでの会議は、石油と中国との取引の舞台を整えるためのものだった。マフィアのゴッドファーザーが、タホ湖畔にある自分の屋敷に「ファミリー」の長を集め、王族としてもてなすようなもので、クリントン大統領は優雅なホスト役を演じ、尊敬する人物が自分のもてなしに同意したことを喜びながら、その意向を発表した。もし、会場がバルモラル城であったなら、王族はこれ以上ないほどの活躍をしたことでしょう。

つまり、中国の指導者にアラスカの国家緊急備蓄の石油を手に入れると約束してからわずか数年で、クリントン政権はその約束を守ってしまったのだ。共和党がBP、Shell、Mobil、ARCOの取引を反故にするとは思わないでください。石油政策に党派は関係ない。ビッグマネーはモバイルだ。ベトナム戦争の最盛期に何が起こったか見てみましょう。

ロックフェラー社のスタンダードオイルは、ベトナム沖の石油利権と引き換えに、ベトナム北部のハイフォンに医師を派遣し、重病のホーチミンを診察させた。彼らはアメリカの医者で、国家反逆罪で裁かれるべきだった。検証のための第二の情報源はないが、この情報源は、キッシンジャー・アソシエイツがこの取引を仲介したことを示している。いずれにせよ、戦時中、南ベトナムのジャングルや田んぼで兵士が死んでいく中で、アメリカ人が敵と取引をしていたのである。石油カルテルの傲慢さを見よ。彼らは、アメリカが戦争に負けることをすでに知っていたのですどうしてこんなことになったのか？単に、ヘンリー・キッシンジャーが北ベトナムと「和平」協定を結ぶためにパリに行かなければならなかったからだ。彼はすでにパリに行く日を知っており、ベトナムを共産主義の支配下におく方法を正確に知っていたのである。

ジョージ・ブッシュ・シニアは、戦争中もキッシンジャーと良好な関係を保っていたため、最初からこの計画に参加していた。キッシンジャーは裏切り者と呼ばれるかもしれないが、彼は共和党の大統領に仕えていたのだ。他にもっと適任者がいたのに、石油王のジョージ・ブッシュが中国に派遣されたのは、偶然ではありません。しかし、ブッシュは石油ビジネスを知っており、中国が必要としているのは石油だった。

中国訪問から帰国したブッシュは、アラスカの石油を独占的に獲得することを約束された中国政府のために、そしてその代理人として、歯車を動かしていったのだ。そして、中東からアラスカへ。石油カルテルは法律を無視して、アメリカ国民からアラスカの石油埋蔵量を奪うのに躍起になっている。まるで証拠が必要なように、石油カルテルはこの地球上のどの政府も手の届かないところにある、それ自身の法律であることが再び証明されたのだ。

中国には、強欲な石油産業の高官に多くの親友がいるが、彼らは国境や国際的な境界線、国家主権を知らないし、尊重もしない。

300人委員会の上位に位置するARCOは、300人委員会のもう一つの頂点に立つ石油会社BPとともに、アラスカの原油を上海郊外の巨大製油所に輸送し、操業を開始しようと画策し始めたのだ。

ロドリック・クックは、ARCO社の元CEOであり、老兵や色あせない政党幹部のように、1996年には旧友であるアーカンソー出身の「アウトサイダー」ビル・クリントンの再選運動を積極的に展開した。1994年、クックはトニー・ノウルズをアラスカ州知事に当選させたのと同じ年に、ホワイトハウスに招かれ、ビル・クリントンと誕生日を祝い、クリントンは友人に巨大な誕生日ケーキをプレゼントし、ロン・ブラウン商務長官と中国へ出張させて、二人は中国政府にARCOが新しい鎮海製油所に数十億ドルを投資することを告げました。中国政府代表団の質問に対し、クックは、1994年8月にアラスカ産原油の輸出が永久に禁止されたにもかかわらず、鎮海製油所にはアラスカ産原油が使えると断言したと言うのである。ブラウン・クックの中国訪問から約1年後、ARCO社の政府関係担当社長ロバート・ヒーリーは、ホワイト・コーヒーハウスに招かれ、アル・ゴアや民主党全国委員会の財務委員長だったマービン・ローゼンとコーヒーを飲んだ。ARCO社への感謝の気持ちを込めて、ヒーリーはDNCに3万2千ドルの「チップ」を置いていった。

そこで登場するのが、元民主党委員長で、ミッキー・カンターの母校であり、エクソン、モービル、BP、ARCO、シェルという大手石油会社のお抱え、隠れ蓑となっているロビー会社、マナット、フェルプス、フィリップスのディレクター、チャールズ・マナットである。1995年5月26日、マナットは別のホワイトハウスのカフェに招かれ、クリントンと面会することになった。

マナットは、お礼として11万7150ドルを支払った。その後、もちろん全く独立して、カントーはクリントン内閣の一員として、アラスカの石油輸出の解禁を求める声を上げていったのである。これまで、国家緊急事態のための備蓄ということで、国家石油備蓄からの石油の輸出は連邦法で禁止されていた。

1987年に出版した私の著書『環境保護主義：第二次南北戦争が始まった』では、ビッグオイルが「アース・ファースト」や「グリーンピース」の環境保護運動の最大の貢献者であることを暴露している。数十年にわたる環境保護運動への支援と、ビッグオイルからの多額の寄付という一見矛盾した理由が詳細に説明されている。オイルランドに関しては、環境保護は策略である。

大手石油会社は、膨大な石油埋蔵量を誇る国立保護区の土地を「部外者」から守ることで、いざというときに国立公園の土地の下にある石油埋蔵量を格安で手に入れられるようにしたかったのである。アラスカの国立野生生物保護区の場合、その日は1996年にやってきました。偽善的な石油メジャーは、プルドーベイで行ったことからわかるように、これらの地域の生態系や野生生物の保護にほとんど関心を示していない。

1996年、有名なロビイストであるトミー・ボッグス氏が、アラスカ産原油の解禁の神託を受けるために呼び出された。ボッグス氏は、1972年にアラスカの荒野で謎の失踪を遂げた故ヘイル・ボッグス上院議員の息子である。トミー・ボッグスは、法律事務所パットン・ボッグスのワシントンロビイストで、ARCO、EXXON、BP、Mobil、Shellなどを顧客に持ち、偶然にも、ビル・クリントンとはゴルフで親しい友人であったという。

ボッグズ氏は、強力なロビイストであり、第104回国会でアラスカ産原油の輸出禁止を撤回させた第一人者と言われている。そのため、1996年には、ロン・ブラウンとロードリック・クックが2年前に中国政府に約束したように、クリントン大統領は輸出禁止を解除する大統領令に署名している。アラスカの石油埋蔵量を奪おうとする動きが、1994年に始まっていたことを知らない人はいないだろう。1996年、ホワイトハウスでの「コフィー」の後、クリントン大統領は、中国やアラスカに関わる大手石油会社に驚くべき報奨金を与えた。しかし、ラリー・キングはもちろん、ダン・ラザー、ピーター・ジェニングス、トム・ブローカは、この重大な出来事に対して墓場のように沈黙していた。クリントンは、アラスカの原生林の下に埋蔵されている石油の輸出禁止を、騒ぎ立てることなく静かに打ち切り、石油メジャーに数十億ドルのプレゼントをただで与えたのだ。

1996年、石油や燃料の価格が史上最高値を記録していた頃、クリントンと彼のコントローラーたちは、再選のための選挙資金に多額の現金を提供する代わりに、我々の権利を踏みにじり、アメリカを売り渡すことに躍起になっていたのだ。

この国家的災害を見越して、トミー・ボッグスは、アラスカの石油輸出の禁止を議会で解除させることを予測したメモを顧客に書いている（ただし、彼はそのように呼んでいない）104。

しかし、アメリカ国民が受けた衝撃はこれだけではなかった。1996年の夏期議会の最終日、クリントンは「連邦石油ガス簡素化・公正化法」にも署名したのである。この法案は、その名の通り、誤解を招くように作られており、大規模な詐欺の一種であった。フェアネス
"の部分は、アメリカ人のためになるようなものではありませんでした。実はこの法案は、クリントン政権によるアメリカ国民への完全な裏切りだったのだ。つまり、この法案は、企業が連邦政府にロイヤリティを支払わなければならない石油の価格を、勝手に決めるというものであった。

この政府公認の大盤振る舞いによって、石油メジャーは何十億ドルもの金をタダで手に入れたのである。この法律は、石油産業がこれまでに行った最も大胆な白昼強盗の1つである。そして、この大泥棒の間、マスコミのジャッカルたち（紙媒体も電子媒体も）は、死ぬほど沈黙を守った。

そこで登場するのが、アラスカ州知事のトニー・ノウルズ氏である。忘れてならないのは、1996年の選挙でARCO社は35万2千ドルの献金を行ったことだ。1994年、ノールズは3万2000ドルを受け取り、これが彼の民主党初のアラスカ州知事当選に貢献し、おそらくホワイトハウスで初の睡眠状態の知事にもなった。すべてはアメリカ国民から盗むという世界的陰謀の一部なのだ。

第19章

リビア産原油とパンナム機爆破事件

ビッグオイルによるアラスカの石油の横流しは、これで終わりではない。むしろ、中国と石油カルテルが何十億ドルもの不正な略奪品を手にする一方で、アメリカ国民は敗者として終わる、現在進行中の物語の第一章なのだ。

石油業界の次の章の舞台はリビアである。「我々は石油のために戦う」をスローガンに、眠らず常に動き続ける勇敢なカルテルのメンバーは、以前からリビアの石油さえ手に入れば、その恩恵に与ることができると考えていた。リビアの指導者カダフィは、石油カルテルの男たちにとって敵以上の存在であることが証明され、彼を追放するための努力はすべて失敗に終わり、新しい方法と機会が常に模索されている。

カダフィはいつも食事を味見させられていたので、毒を盛ることはできなかった。暗殺は難しい。なぜなら、彼は賄賂から守られた信頼できる護衛としか移動せず、公共の交通機関を利用することはなかったからだ。そして、思いがけなくも、スコットランドのロッカビー上空に墜落したパンナム103便が爆破され、乗員270人全員が死亡するという事件が起きたのだ。CIAに助けられ、カルテルの男たちは仕事に取り掛かった。

リビアの石油を正当な所有者から奪い取るという決意の下、石油カルテルの男たちは、パンナム103便の悲劇的な爆破をムアンマル・カダフィのせいにする機会をつかんだのである。この目的を達成するために、石油カルテルの連中はロナルド・レーガン大統領に、アメリカ空軍がリビアの首都トリポリを爆撃することが望ましく、必要であると簡単に説得してしまった。この目的のために、アメリカの爆撃機はイギリスの基地から発進し、アメリカ憲法、1848年の中立法、ジュネーブ4条約、アメリカが加盟している空爆に関するハーグ条約に明白に違反しながら、実際にトリポリを空爆したのである。石油カルテルの力とは、アメリカが宣戦布告したことのない国、アメリカに対して交戦行為を行ったことが証明されていない国に対するこの違憲の攻撃が、違法行為として非難されるどころか、タヴィストック研究所の地獄の洗脳装置の犠牲者であるアメリカ国民や、報道機関のジャッカルによって歓迎されているほどである。カダフィはこの攻撃で家族を失い、リビアを独立させるという決意を打ち砕かれた。パンナム103便の悲劇が完全に説明されることはないだろう。米英両政府が自由に使える巨大なプロパガンダ・マシンが、アメリカ国民に対するこの犯罪の真実を決して明らかにしないことを保証するからである。1859年、ライオネル・ロスチャイルドの代理人であったベンジャミン・ディズレーリの観察は、引用に値します。

> すべての大事件は歪曲され、重要な原因のほとんどは隠蔽され、主要な役者の何人かは登場せず、登場した人物はすべて誤解され歪曲され、結果として完全な神秘化となっているのである。もしイギリスの歴史が、知識と勇気を持った人によって書かれることがあれば、世界は驚くことでしょう。

イギリスとアメリカの政府は、最も説得力のある方法で、前言撤回と難読化を行う並外れた能力を実証している。この才能は新しいものではないが、ロスチャイルド家の親戚であるバーネイズが宣伝の最高責任者であったウェリントン・ハウスのスタッフによってかなり磨きがかけられた。第一次世界大戦が始まった頃、イギリス国民が対独戦争に乗り気でなかったのを逆手にとって、この大宣伝工作が行われた。

パンナム103号爆破事件は、7月3日、メッカのハッジに向かう290人の乗客を乗せたイラン航空のエアバス機が、USSヴィンセンヌに撃墜されたことに始まる。イランのバンダルアバスの民間空港を離陸したエアバスは、巡航高度に達したところで、米戦艦ヴィンセンヌが発射したイージスミサイルが命中した。エアバスは墜落し、乗員全員が死亡した。ヴィンセンヌの乗組員は標的が民間旅客機であることを知っていたのでしょうか？攻撃について相談したすべての人が、例外なく、エアバスは民間旅客機以外の何物でもないと確認した。憤慨したホメイニ師は、比較的平静を保っていたが、パスダラン（秘密情報部）のトップに、報復攻撃の対象となる米国の航空会社4社を選定するよう密命を受けていたのである。パスダランのチーフは、アリ・アクバル・モハタシェミに、パンアメリカン航空をターゲットに選んだと報告した。

この計画は、1988年7月9日、テヘランでモフタシェミに提出され、直ちに実行に移すことが承認された。そして、故ハフェズ・アサド大統領の庇護のもと、ダマスカスに本部を置くパレスチナ解放人民戦線（PFLP）を指揮していた元シリア軍将校、アーメド・ジャブリル大佐に引き渡されたのである。

ジャブリルが、ドイツのフランクフルトを出発し、ロンドンで途中降機したパンナム103便（最終目的地はニューヨーク）を狙ったとき、その運命は決まっていた。後に英米は否定したが、ジブリール自身は任務遂行のために1000万ドルを受け取ったと主張し、CIAは確かにジブリールの持つ番号付きのスイス口座に1000万ドルの送金を追跡したとする報道もあった。

ジブリールの専門性は疑う余地がない。彼は1970年以来、英国、スイス、米国の航空機を次々と爆破した名爆撃手として知られていた。さらに、ジブリールは爆弾のスイッチに大きなプライドを持っていた。そのスイッチには、彼自身のブランドと作動方法が記されており、情報専門家によれば、それが彼の「仕事」を紛れもないものにしていた。

リビア人のアブデル・バセット・アリ・アル・メグラヒとラメン・ハリファ・フィマは、爆弾製造の経験がなく、このような高性能爆弾を製造する設備もなかったにもかかわらず、爆破事件の容疑者として起訴されたのです。爆弾とパンナム103便の墜落を2人の被告に結びつけるような積極的な証拠も何もなかったのです。それどころか、爆弾テロがジブリールとPFLPの仕業であることを示す十分な証拠があったのだ。ジブリールのチームは、ドイツのフランクフルトに住む爆弾製造の専門家、ハーフェズ・カセム・ダルカモニとアブデル・ファッタ・ガダンファーで構成されていることが明確に立証された。10月13日、ダルカモニはもう一人の爆弾製造専門家、マルワン・アブデル・クリーサットと合流しました。彼はヨルダンのアンマンに居住していました。クリーサットは、シリア人将校とPFLPの間で、最高の「爆発物の専門家」として知られていた。しかも、クリーサトは最近、ドイツの情報機関BKAの情報提供者でもあり、双方の活動を始めていた。私は、1994年に「パナム103、死の軌跡」というタイトルで、その全貌を発表した。

リビアが空爆の責任を負うとして、国際的な誹謗中傷キャンペーンが展開された。罪に問われている2人のリビア人の名前以外、事実上の根拠は示されていない。リビアがスコットランドの裁判所に「被告人」の引き渡しを拒否すると、リビア産原油の販売に対する国際ボイコットが行われ、第二次世界大戦以来のリビアに対する言論戦が展開されることになった。

前述したように、多感なレーガン大統領は、トリポリ空爆にあっさり同意してしまった。外国の銀行にあるリビアの資産は、その所在が確認できるものはすべて凍結された。実際、この国に対して全面戦争が始まったのである。スーダンからトリポリに向かうリビアの民間機が、カダフィが搭乗していると誤解され、「未知の勢力」によって撃墜された。リビアと欧米諸国との貿易はすべて中断された。

リビアは「大量破壊兵器」製造の濡れ衣を着せられ、国務省の国際テロ支援国家リストに掲載された。一方、リビアが2人の「容疑者」を英国かスコットランドに引き渡すよう求める国際的な声は、維持され、強まった。リビアに対する荒唐無稽で根拠のない非難が、あらゆる方面から寄せられています。一方、リビアは西欧やロシアへの石油販売を続けたが、フランスやイタリアなど一部の国は規制に反発し始め、内々にボイコットの中止を交渉した。しかし、英米はこれに反対し、ロビン・クック（英外相）は、カダフィがスコットランドの裁判所で裁かれることを条件に、2人の「容疑者」の引き渡しに同意したとEU閣僚に伝えたが、カダフィは当初「嘘」だと言っていた。ロシアはリビア産原油の購入を増やし始め、イギリスとアメリカはボイコットがそう長くは続かないことを悟ったほどだ。

アメリカの交渉チームはトリポリに赴き、カダフィと取引を行った。この取引により、二つの大国は面目を保ち、リビアは窮地を脱することができる。一方、中立地域のスコットランドの裁判所に二人の「容疑者」を引き渡すという要求には従うようにみえるのだ。これなら、リビア国民が外国で罪に問われ、裁判を受けるために引き渡されることはないというイスラム教の法律も満たせるし、悪知恵が働くと予想される解決策だ。

スコットランド法廷」は、オランダのキャンプ・ツァイストで開かれた。オランダは、2人のリビア人を起訴しようとしている国の中に入っていなかったからだ。これによって、イスラム法の問題は解決した。キャンプ・ザイストは、ラスベガスも顔負けのマジックショーで「スコットランド領」を宣言した。そして、2人の「容疑者」は裁判を受けることを「志願」し、裁判の開始の日が決まった。

なぜ、管轄がスコットランドの法律だったのですか？答えは、スコットランドで訴因が発生したことに加え、スコットランドの法律では、有罪と無罪の間にある「証明されていない」という第三の特別評決を認めているからです。カダフィは、検察側が提出する証拠はリビア人を有罪にするのに十分ではないと断言した。こうして、「正義」が行われたと見られる一方で、リビア人は自由になるのである。しかし、その約束は守られなかった。

そんな背景もあって、裁判は華々しくスタートした。アル＝メグラヒとカリファに対する検察の訴訟は弱かった。弁護人は裁判の開始を待って弁明を発表した。彼らは、ジャブリルとPFLPが攻撃を行ったという証拠を提示し、32人の証人を呼んで弁護をするつもりだった。私が話を聞いた専門家は、もしPFLPの証人が本当に出てくることがわかったら、「証明できない」という理由で裁判は中止されるだろうという意見であった。イギリスとアメリカが一番避けたかったのは、すべての事実が公開の法廷で明らかにされることだった。カダフィは「協力」と引き換えに、リビアに対するボイコットを解除し、リビア産原油の供給を再開することを保証されたのである。

もちろん、主な受益者は石油カルテルのメンバーである。パンナムの凶悪犯罪に関与した真の悪党は、一度も起訴されていない。USSヴィンセンヌとイランのエアバスを破壊したのは？それも、影の政府による取引の一部であった。ヴィンセンヌ号の乗組員は、軍用機の攻撃を受けていると誤解していた、と公式に発表されることになる。

リビアの原油を売って莫大な利益を得ているのは、ほとんど即座に石油カルテルだけである。ジャブリルのPFLPの手によって亡くなった人々の親族については、公式の評決で2人の無実の男が凶悪な攻撃で有罪となったにもかかわらず、彼らが12年間求めていた解決策を得ることはなかった。

さらに、ジョージ・ブッシュとマーガレット・サッチャーが、パンナム103便爆破事件の完全な調査が後に求められるかもしれないのに、そのための隠れ蓑として果たした役割も付け加えておかなければならない。スコットランドのTom Dalyell議員は下院で次のように述べた。

> "英米当局は真実を知ろうとしない""不快感を与えるからだ"

ダリエルは、イギリスの潜水艦に命じて国際水域でアルゼンチンの客船「ベルグラノ」を魚雷で沈めたという、明らかにジュネーブ条約違反の犯罪行為でサッチャーを単独で訴追した国会議員である。

サッチャーは、ダリエルの執念により、政権与党の信頼を失い、不名誉にも政権を追われ、早々に公職から退くことになった。真実が明らかになれば、最も恥をかくのはジョージ・ブッシュとマーガレット・サッチャーであることは間違いないだろう。そして、クウェートとイラクの国境では、別の種類のテロが行われた。腐敗した独裁者アル・サバ政権は、ジョージ・ブッシュを説得して、すでに苦しんでいるイラクに再び巡航ミサイルの雨を降らせるよう、文明的なキリスト教国に代理命令し、大勝利を収めたのである。冷酷なアル・サバの独裁者たちの、ブッシュ暗殺計画の疑いが本物であるという言葉を、誰もが受け入れているわけではない。Al

Sabahの主張の正当性については、多くの国から重大な疑問が呈されている。ある情報筋の発言である。

> ...アル・サバ夫妻が持っているとされる「証拠」は、アメリカやイギリスのどの裁判所でも却下されるでしょう。その「証拠」はあまりにも不正確であり、アメリカ政府があえて公開の場で明らかにしないのも無理はない。この事件（イラク人によるジョージ・ブッシュの生命を狙った疑惑）は、アメリカがここまで堕落してしまったのかと思うほど、不正でスキャンダラスなものである。もし独立した上院議員がいたなら、彼らはクリントンに公開の委員会公聴会で証拠を提出するよう要求すべきだったが、もちろんクリントンは宣誓している証人のいる公開法廷での精査に耐えるような証拠を持っていないので、上院議員はその義務を免れることができたのである。

裁判を傍聴したオブザーバーはこう言った。

> 起訴されたイラク人は、諜報活動も爆発物の経験もない普通の密輸業者である。イラク政府がジョージ・ブッシュを殺すために雇うような人たちではないのだから、これほどあり得ない集団はないだろう。爆発物を積んだとされるトラックは、実際には密輸品を満載しており、「イラクの諜報員」がジョージ・ブッシュ暗殺の「計画」を実行するために行くはずだったクウェート大学から数マイル離れた場所で「発見」されたのである。

二人のイラク人密入国者をめぐる裁判は、あまりにも穴だらけで、二枚舌、難解さ、捏造された「証拠」に覆われており、悲劇的でなければ、ローレルとハーディのコメディの筋書きになる。米国の捜査当局は、ジョージ・ブッシュへの攻撃を試みたと自白した2人を事情聴取したが、被告がアル・サバの手にある間に得た自白は、最大限の懐疑的な態度で扱わざるを得なかった。クウェートには、拷問、リンチ、外国人（特にイラク人）に対する憎悪、巧妙なプロパガンダ、真っ赤な嘘といった悪名高い歴史がある。アル・サバ一族は、今日の世界のどの一族よりも残酷で、執念深く、独裁的で野蛮な存在である。彼らの言葉は信用できない。このエピソードは、ブッシュが危険にさらされているように見せかけるために、急遽、不器用に演出された臭いがする。

いずれにせよ、無能なテロリスト予備軍が、ジョージ・ブッシュを暗殺するつもりでクウェートに来たと、ちょっと考えてみようか。では、なぜイラクは国連やハーグの国際司法裁判所に提訴されなかったのでしょうか。

もしブッシュとアル・サバが自分たちの行動を国連のマントで包むことに熱心なら、なぜアメリカとクウェートはハーグと国連安保理に出向いて自分たちの主張を述べなかったのだろうか？米国は、この残酷な茶番劇に参加すべきではなかった。この2人のスケープゴートの裁判では、検証可能な証拠は何一つ出てこない。この事件は、司法による犯罪の処罰とは全く関係のない、政治的な行為であり、恥ずべきことであった。

アメリカは今、あえて自分たちに反対する国を罰し始め、「力こそ正義」という怪しげな前提のもとに動いている。私たちは世界一のいじめっ子になりつつあるのです。石油カルテルの大物たちが、多くの国に大金を支払って、違法なイラク戦争に参加させたことは周知の事実である。賄賂を受け取った国は、支払った金額も含めて報告書に記載されています。

その中に、アル・サバが広告代理店のヒル・アンド・ノウルトン社と契約し、アル・サバの独裁者を救えとアメリカ国民に説得するために1千万ドルという金額を受け取ったという内容があった。

上院の委員会でのナイラ・アル・サバのよく訓練され、よく練習された嘘を通して、ヒルとノールトンは、支配されたメディアの維持された売春婦たちの支援を受けて、アメリカにねじ曲がった事件を売り込んだのである。そして、非常に信頼できる情報源であるロンドンの*フィナンシャル・タイムズ紙が*、1990年と1991年にアル・サバの独裁者とそのアメリカの子分たちに対して行われた疑惑を認めたのだ。7 月 7 日付の *Financial Times 紙に*よれば、アル・サバ夫妻はロンドンのクウェート投資事務所（KIO）を利用して、湾岸戦争でクウェート防衛のために賄賂を受け取ることを望む国々に金を分配していたとのことである。*Financial Times*』は、「クウェートの票を買うために国連で3億ドルが使われた」と、湾岸戦争フィーバーのさなかに報じている。"これ（国連の議決）は、多国籍軍によるクウェート解放の法的根拠となった"

そして、その事実を知ったAl Sabah紙は、*Financial Times紙の*記事に対して猛烈な反撃を開始した。ナセル・アブドラ・アル＝ロダン財務相は次のように述べた。

> クウェートは過去も現在も、このような手段に訴えたことはない。この非難は、1990年のイラク侵攻の後、国のイメージと主権を再確立する権利を汚すことを目的としていた。

財務大臣はさらに、3億ドルは文化産業機構から盗まれたもので、犯人はクウェートが票を買っていると非難することでその痕跡を消そうとしているだけだと述べた。上院の責任ある委員会は、これらの告発を調査する義務があった。さらに、なぜ米国がクウェートの専制君主に同調し、憲法上、法的、道徳的にそのような行動を取る権利がないのに、バグダッドに巡航ミサイルを2度も落としたのかを突き止める、より大きな義務もあった。今さらながら、クウェートとイラクの真実をアメリカ国民に提示することが絶対に必要であり、石油王たちはそれを阻止しようとする。彼らは、アル・サバの独裁者を守るために天と地を動かし、イラクについていつまでも嘘をつき続けるだろう。その解決策は、私たち国民の手に委ねられているのです。議会がアル・サバの独裁者に頭を下げて擦り寄ろうとする姿は、国家の恥というほかない。

第20章

語り継がれるべき物語

極端な貧困と極端な富のアンバランスが通常より顕著なベネズエラの話は、語るに値します。ベネズエラは常に石油カルテルに恥も外聞もなく搾取され、国や国民に何の利益ももたらさずに干からびてきた。1998年、元空挺部隊のウゴ・チャベスによって貧困層が連合され、記録的な数の投票に行くよう促されたときの状況である。チャベスは、石油カルテルの親玉を揺るがす地滑り的勝利で大統領に選ばれた。

政権を握ったチャベスは、選挙での公約を守るために時間をかけなかった。30年間石油王の懐にいたベネズエラ議会は解散した。チャベスは、米国を国家の貧困層の敵として糾弾した。新大統領は、メキシコの愛国者カランサ大統領が可決した法律と非常によく似た炭化水素法を制定し、石油産業の支配権を石油カルテルから奪い、ベネズエラの人々の手に真っ向から握らせることに成功した。

そして、チャベス大統領は、外国の石油会社が支払うロイヤリティの50%増を導入することで、石油カルテルの最も痛いところ、つまり財布を直撃したのである。国営ベネズエラ石油公社が再編され、親米派のビジネスリーダーのほとんどが失業した。これは、アメリカだけでなく、世界中に打撃を与えた。

ベネズエラは、石油産業において決して小さな国ではない。2004年には、世界第4位の石油輸出国、米国への第3位の原油供給国となっている。ベネズエラ石油公社は、45,000人の従業員と500億ドルの年間売上高を有しています。けたたましい声の元落下傘兵は、果敢に野生の馬に乗り込んだ。石油カルテルの大物たちが彼を失脚させるまで、どれだけの時間がかかるか、が大きな問題だった。この大企業を掌握したことで、チャベスはモサデグ博士のような侮れない人物として、一気に世界の舞台でその地位を確立したのである。

マラカイボはチャベス大統領の権力の中心地である。石油労働者は彼を強く支持し、お金はないけれども、選挙では過半数を占めていた。1922年12月14日に地表から噴出した巨大な石油間欠泉（1日10万バレルが3日間流出して収まった）のように、石油労働者は組織化されコントロールされる必要があるのだ。チャベスは石油を止めるために大変な苦労をしただろう。

それから40年、ベネズエラは貧しく貧しい南米の国から、南米大陸で最も豊かな国のひとつになったのだ。OPECの石油禁輸により、ベネズエラの国家予算は3倍になり、その国際水域を行き来する捕食者のサメの注意を引くことになった。石油カルテルのエージェントが国を説得し、過大な支出をさせた。国際通貨基金（IMF）は、ベネズエラ政府に巨額の融資を殺到させた。

経済破壊の舞台は、世界的な原油価格の暴落とともにやってきたのだ。IMFと書かれたブリーフケースを持った背広姿の男たちが、鋭い短剣を持っていることを。ベネズエラには、最も無理な緊縮財政が課された。その結果、貧しい人々はローンを返済しなければならず、国の一人当たりの所得は40%近くも減少してしまったのです。

古典的な石油カルテルの買収モデルが出来上がっていたのだ。恨みと怒りが交錯し、その圧力に耐えられなくなったのだ。暴動が起き、20万人以上が犠牲になった。新興の中産階級が最も大きな打撃を受け、その後2年間ではほとんどの人が貧困状態に陥った。意外なことに、チャベスは政権にしがみついた。米国はまた「カーミット・ルーズベルト」のような作戦を行うのだろうか、それとも単に米軍の傭兵に蹂躙されるだけなのだろうか。しかし、石油カルテルが迷っている間に、9.11が起きた。ベネズエラは待たされた。しかし、あまり長くは待てなかった。最初に発砲したのは*ニューヨーク・タイムズ*で、チャベスを自由の敵として描写した。アメリカのコメンテーターは、チャベスの失脚につながる大規模な労働不安を予測していた。イランのモデルがベネズエラに適用されていることは、それなりのアナリストならわかる。

テヘランのホイザー将軍の場合と同様、アメリカの扇動家たちは石油労働者にストライキを促し、彼らはそれを実行したのである。*ニューヨーク・タイムズ*紙も大喜びである。悲鳴のような見出しが宣言された。

> 数十万人のベネズエラ人が今日、ウゴ・チャベス大統領を退陣させるために28日目に入った全国ストライキに取り組むことを宣言し、通りを埋め尽くした。ここ数日、ストライキは膠着状態に陥り、チャベス氏はストライキをしていない労働者を使って国営石油会社の運営を正常化しようとしている。企業や組合のリーダーが率いる反対派は、彼らのストライキは会社、ひいてはチャベス政権を崩壊に追い込むことになると言っている。

カーミット・ルーズベルト、CIA、ヒューザー将軍（国王を倒した人物）の計画をカラカスの状況に重ね合わせれば、ぴったりと当てはまるだろう。米国で訓練された挑発者たちが働いていたのだ。彼は、グアテマラ、エクアドル、フィリピン、南アフリカ、チリ、ニカラグア、パナマ、ペルーで革命を起こした経験を持つベテラン暴れん坊である。ワシントンでは、ブッシュ政権がシャンパンを掲げて、ライヒのベネズエラでの成功を祝った。

しかし、その喜びも束の間。元兵士であるウゴ・チャベスは、最も強力な支持者である石油労働者を集め、軍部を味方につけることができる。ライヒが将校団を大統領に敵対させようとした試みは、すべて失敗に終わった。ライヒは尻尾を巻いて帰ってきて、急いでワシントンに飛んでいかなければならなかった。

72時間後、チャベス大統領は政府をしっかりと統制し、直ちにオットー・ライヒ工作員の裏切り者と傭兵の排除を開始した。早々と寝返った石油会社の幹部は、不誠実な陸軍士官とともに国外に追放された。クーデターのリーダー2人は、ライヒやワシントンのボスとの共謀を認め、20年の禁固刑を言い渡された。今回ばかりは、CIAが黒子に徹するしかなかった。

別の国では、石油カルテルの大物たちに攻撃されているイランが、イルミナティの後継者たちと戦闘を繰り広げていた。その綿密な計画は、原理主義者ホメイニの台頭によって見事に成功し、天然資源を持つ他の国家を攻撃する際の手本とされた。

本書では、共謀者が誰で、どんな動機で、国王を滅ぼし、狂信的原理主義者を後任に据えることで何を得たのかを検証していく。イランが、国王の指導の下、石油産業の近代化をベースに、せっかく浮上した暗黒時代に戻ってしまった謎を解き明かそうと思う。

共謀者は、アダム・ヴァイスハウプトとそのイルミナティ教団が青写真を描いた18世紀の秘密結社の後継者たちである。石油カルテルの有力者がイルミナティのメンバーであることのリストはこれまで公表されていないが、あらゆる示唆から、それは相当な数であることがわかる。ここでは、イルミナティについて簡単に説明することにとどめる。

イルミニズムの目的は、既存の秩序を転覆させ、すべての宗教、特にキリスト教を破壊することによって、一つの世界政府を樹立することである。それは新しい世界秩序を求めるもので、連邦準備銀行の1ドル紙幣の裏に印刷されている「Novus
Seclorum」である。それは、人間を暗黒時代に戻すことであり、封建制度のもとで、世界中のすべての人に絶対的な支配力を行使することを求めるものである。このようなシステムは、共産党の封建領主によって運営されていたソビエト連邦で試され、アメリカ、イギリス、ソビエト連邦でほぼ再現されたが、実行不可能と判断され、崩壊してしまったのだ。ジョージ・オーウェルが警告したのは、このシステムであった。

共謀者は、ベネチア黒人貴族、貴族や王族、外交問題評議会、チーニ財団、フォンディなど、さまざまな名前で知られている。ヨーロッパでもメキシコでもイギリスでもドイツでもアメリカでも、この5世紀の間、旧家が絶対的な権力を行使してきたのである。ソビエト連邦では、古い家系(「ラスコルニク」)が打倒され、より抑圧的な新しい貴族たちに取って代わられている。すべての国が「300人委員会」の指導下に置かれる計画である。

ヨーロッパの旧貴族の多くは、キリスト教を信仰していると公言しているが、実際には、キリスト教を信じていないし、その原理を実践しているわけでもない。それどころか、その大半はカルト宗教の崇拝者である。彼らは、神が本当に存在するとは思っていない。彼らは、宗教は一般大衆を操るための道具にすぎず、それによって国民に対する支配を維持することができると考えている。

カール・マルクスは「宗教は大衆のアヘンである」と言ったと誤解されている。しかし、この教義は、マルクスがヴァイスハウプトの計画をコピーして自分のものとして主張することを許されるよりもずっと前に、定期的に華やかさと儀式を外見的に見せながらキリスト教会に通っていた王室によって、数百年前に策定され守られていたのである。

黒い貴族たちが深く信仰している最古のカルトのひとつがディオニュソス教団で、特定の人々が地球の絶対的な支配者として地球に配置され、地球のすべての自然の富と資源は彼らのものであると説いているのだ。この信仰は約4000年前に定着し、当時も今も、その信奉者はオリンピアンと呼ばれている。

オリンピアンは、300人委員会の一員である。家系の永続とその支配は、オリンポスの第一の信条である。彼らは、天然資源、特に石油が自分たちの独占的所有物として確保されていることの希少性を確信しているのだ。彼らは、石油資源は、急速に拡大する「無駄飯食い」、つまり価値の低い人々によって、あまりにも早く消費され、枯渇してしまうと主張しているのだ。オリンピアンとヴァイスハウプトの違いは、ヴァイスハウプトが公然と地上を支配する正式な団体「ノヴァス・セクロラム」を望んだのに対し、オリンピアンは識別しにくい緩やかな組織に落ち着くことであった。ローマクラブ、共産主義者、シオニスト、フリーメイソン、外交問題評議会、王立国際問題研究所、円卓会議、ミルナーグループ、三極、ビルダーバーググループ、モンペラン協会など、主なものを挙げればきりがない。他にも多くの連動した重層的な陰謀組織が存在する。選ばれたメンバーは、ヨーロッパの王冠をかぶった首脳たちと300人委員会を結成する。これらの組織に共通しているのは、石油を筆頭にすべての天然資源を支配していることである。

ローマクラブは、世界の他のすべての陰謀的な組織を監督する主要な外交政策組織である。

1925年にジョン・ローリング・リース准将が開発し、2008年の今日まで使われている方法を用いて、国全体を洗脳することは、タヴィストック研究所の専門分野である。

ジョージア州出身の小柄で無名の政治家、ジェームズ・アール・カーターが、世界で最も強力な国家を率いることができるとアメリカ国民に信じさせたのは、リースの訓練生の一人であった。カーターは石油会社の道具になると思われていた。

イルミナティの有力メンバーが率いる英米帝国主義の石油会社がイランに与えていた支配から国を解放しようとしたことが、南アフリカのフェルウォード博士やニカラグアのソモサ将軍の場合と同様に、国王の失脚につながったのである。

本書で詳述されているように、シャーは、イタリアのENI社の会長エンリコ・マッテイを通じて、別に石油の取引をしていたのである。マッテイ氏が「7人姉妹」と呼ぶ石油会社のうち、巨大コングロマリットであるフィルブロ社とブリティッシュ・ペトロリアム社とのみ取引するよう英国から命令されていたにもかかわらず、彼はこれを実行したのである。さらに国王は、英米のイルミナティ石油企業幹部からの禁止命令を無視して、900億ドルの原子力発電計画に乗り出した。外交団の長であるアヴェレル・ハリマンがテヘランに派遣され、ワシントンから国王への個人的なメッセージ「一線に従わなければ次はお前だ」を伝える。テヘランの街で暴動を起こしたのは、ホメイニというイスラム教の聖職者である。国王にメッセージを伝えるため、ピッツバーグ大学のリチャード・コッタム教授によってテヘランの教員ストライキが組織される。こうして米国は、石油カルテルの「イルミナティ指導者」の権力の名の下に、米国憲法と国際法に明白に違反して、イランの主権問題に干渉したのである。

このアメリカ帝国の裏切りに対して、国王はケネディに電話をかけ、1962年にホワイトハウスに招待された。ケネディと国王の間で合意が成立した。イランはENIなどの企業との独自交渉を打ち切り、BPやフィルブロとだけ仕事をする。その見返りとして、国王はアミニ首相の解任を認めるというものだ。

しかし、テヘランに帰国した国王は、合意事項を守らなかった。彼はアミニを解雇し、ENIとの取引を続ける一方、他の数カ国との石油取引も積極的に模索した。裏切られたことに激怒したケネディは、当時ジュネーブに亡命していたバフティアル将軍を呼び寄せた。1962年にワシントンに到着したバクティアアは、そのままホワイトハウスに直行した。

やがてテヘランで深刻な暴動が起こり、国王はイランを世俗国家の暗黒時代に戻そうとする封建領主を糾弾する。バフティアルとアメリカが引き起こした暴動で、全部で5千人ほどが死んだ。しかし、1970年、バクティアールはイラクとの国境に近づきすぎて、狙撃手に撃たれるという運の尽き。

世界のマスコミは、これを「狩猟事故」と断定し、バフティアールが国王に対して行った活動の隠れ蓑とした。彼は回顧録『歴史に応えて』の中でこう書いている。

> 「当時は知らなかったし、知りたくもなかった。でも、今となっては、アメリカが私を追い出そうとしていたことは明らかだ。ボールが突然、ホワイトハウスのイラン顧問に任命されたことを、私はどう考えればいいのだろう。ボールがイランの友人でないことは知っていた。ボールがイラン特集を組んでいることは理解できた。しかし、その結論はおろか、報告書のカバーする範囲も誰も教えてくれなかった。数ヵ月後、亡命先でそれらを読んで、私の最悪の懸念が確認されたのです。ボールは、私を、ひいては私の国を見捨てようとするアメリカ人の一人だった。"

ベトナム、韓国、ジンバブエ（ローデシア）、アンゴラ、フィリピン、ニカラグア、アルゼンチン、南アフリカ、ユーゴスラビア、イラクの例が示すように、アメリカと親しくする者は裏切られる運命にあると、シャーは遅すぎるほど気づいていたのだ。ここで、改めてアメリカのホイザー将軍の名前を出す必要がある。1972年1月4日から2月4日まで、ホイザー将軍はテヘランに滞在していた。彼はそこで何をしていたのですか？彼の役割は、将軍自身も政府内の誰からも説明されなかったが、後に彼がCIAと協力して「混乱」作戦を展開していたことが明らかにされた。イラン軍は総司令官であるシャーを奪われ、リーダー不在となり、ホイセールはその穴を埋めるためにユダの役割を果たした。

彼は、群衆の怒りを冷ますために、国王にテヘランを離れて「休暇」をとるよう説得した。国王は、友好的と思われる忠告を受け入れ、エジプトへ旅立った。この頃、ホイザー将軍はイランの将兵と毎日のように話をしていた。暴徒を攻撃してはならない、さもないとアメリカは軍需品、予備部品、弾薬を断つと言ったのだ。いずれ、ワシントンは国王を通じて、暴徒を攻撃する命令を出すだろう」とホイセルは言った。しかし、その注文は来なかった。

35万人のイラン軍は事実上孤立し、この驚くべき偉業を成し遂げたのはホイザー将軍だが、彼はアメリカ上院からさえもその責任を問われることはなかった。レーガン大統領がホワイトハウスに赴任した時、彼は心からイランの真相を知りたいと思った。しかし、レーガン大統領は何もしなかった。その裏では、ベーカー・アンド・ボッツ社のジェームズ・ベーカー3世が糸を引いていたのである。このヒューストンの老舗法律事務所は、イランにある有力石油会社のクライアントの利益を「守る」中心的存在だった。

ベーカー3世は、1991年の湾岸戦争に至るまで決定的な役割を果たすことになる。1990年、ベーカー3世は、なぜアメリカがイラクやイランの石油を欲しがるのか、その理由を世界に知らしめた。

> 産業界の経済的生命線は湾岸から流れており、このような独裁者（サダム・フセイン）をその生命線に座らせるわけにはいかない。これを一般的なアメリカ市民のレベルに落とし込むと、「仕事」ということになります。一言で言えば、「ジョブズ」です。

米国憲法は、米国は主権国家の問題に干渉できないと定めているが、ベーカー&ボッツは、ジェームズ・ベーカー3世を通じて、憲法に従う必要はないと考えているのである。国王は大手石油会社の邪魔をし、この「経済的生命線」に「手をこまねいている」ことは許されなかったのだ。

同様に問題なのは、カーター政権が国王の転覆に果たした役割である。カーター大統領は、国王が米国に入国した場合、米国大使館が襲撃されることを事前に知っていながら、大使館を攻撃から守るために何もしなかった。実際、ホメイニの帰国後、アメリカはニューヨークからハーキュリーズや747貨物機を使って、武器や予備部品をイランに空輸し、アゾレス諸島で給油を行った。

その後、英国政府報道官、*ウォール・ストリート・ジャーナル紙*、*ロンドン・フィナンシャル・タイムズ紙がこれを*認めた。また、CIAのデビッド・アーロンが60人の諜報員チームを編成し、1979年1月、ホイザー将軍がテヘランに到着すると同時に、イランに派遣したことも明らかにした。そして、国王の信頼を裏切ったのは、何よりもアメリカ300人委員会の本部であるアスペン研究所であった。国王にアキレス腱があるとすれば、それはお世辞に弱いということだ。アスペンのお世辞の結果、彼は研究所に数百万ドルの寄付をした。アスペンは、「イラン、過去、現在、未来」というテーマで、イランでシンポジウムを開催することを約束した。アスペンはその約束を守り、シンポジウムはイランのペルセポリスで開催された。錚々たる顔ぶれの参加者を、国王夫妻が食事でもてなすという、華やかなイベントであった。もし、国王にきちんと報告されていれば、すぐに彼らを追い払っただろう。しかし、真実を語る者は罰せられ、有名大学の名誉ある椅子には座れない。

国王は、その啓蒙的な統治について熱烈な言葉で肖像画を受け取った。しかし、その裏側では、まったく違う姿が浮かび上がっていた。ペルセポリスには、ローマクラブの代表であるアウレリオ・ペッチェイを含む有力メンバー10名が参加している。

その他、法律事務所クーデ・ブラザーズのソル・リノヴィッツや、後にパナマ運河をもたらした人物（300人委員会のメンバー）、ハーラン・クリーブランド、ロバート・O.など著名な人物がいた。アンダーソン二人ともアスペン研究所の著名なメンバーである。

その他にも、チャールズ・ヨスト、キャサリン・ベイトソン、リチャード・ガードナー、テオ・ソマー、ジョン・オークス、そして世論調査活動で世論を形成するダニエル・ヤンケロビッチなど、この陰謀について知っている人たちがいました。MI6は、この出来事を中東の「改革」の始まりと呼んだ。

第21章

宗教改革と歴史の考察

20世紀には、中国とのアヘン貿易で巨万の富を得たハンディサイド・パーキンス、メロン、デラノ、アスター、モルガン、ストレート、ロックフェラー、ブラウン、ハリマン、モルガン家などの王朝を中心とするアメリカの英米人（支配エリート）の主導で、「改革」が推進された。大手石油会社の多くは、このような背景から生まれた。プレスコット・ブッシュから始まるブッシュ一族は、常に陰謀団のサトラップとして機能してきた。

アメリカ帝国主義者とその下僕である英米の陰謀団からなる「300人委員会」は、第一次世界大戦の直前に、石油をイギリス海軍と商船隊の燃料とすることを決定したのである。フィッシャー卿は、先に説明したように、英国海軍の燃料は石炭ではなく原油であるべきだと最初に認識した人である。

ウィンストン・チャーチル（Winston Churchill）が提督の第一卿になった時、彼はMI6にメソポタミアの広大な油田を押収する計画を立てるよう指示した。「このように膨大な石油資源がドイツの手に渡るのを防ぐ」という透明な口実であった。第一次世界大戦で「民主主義のための世界確保」に成功した石油帝国は、1919年の幕開けとともに、国や民族の責任にとらわれず、世界を支配するファシスト私企業群として、中東とソ連南部の膨大な石油資源の完全かつ明白な支配をめざしたのである。そのために「300」は、ドイツ、イタリア、日本で勃興した民族主義運動に資金を提供し、彼らがロシアを侵略し支配することを期待したのである。石油会社の重役たちは、ドイツ、イタリア、日本政府を打ち負かし、ソ連の石油備蓄を掌握することを計画していた。ロックフェラー・サークルは、ペルシャ湾の石油を英国・ペルシャ石油カルテルから、東南アジアの石油をロイヤル・ダッチ・シェルから支配することを計画していたのだ。1939年と1940年、ドイツとイタリアは「ビッグ3」（タヴィストックが作ったレッテル）の計画通りにはロシアを攻撃しなかった。その代わりに、ドイツの名将ロンメルが北アフリカに砂漠の軍隊を投入し、スエズ運河を占領して石油輸送のすべてを支配した。ロンメルはスエズに立ち寄るつもりはなく、そのままペルシャに向かい、ペルシャ・メソポタミア油田からイギリスを追い出すつもりだった。一方、1939年にロシアへの攻撃に失敗した日本軍は、東南アジアを席巻し、ロイヤル・ダッチ・シェルの石油資産をすべて押収してしまった。しかし、1945年の日本の敗戦により、このロイヤル・ダッチ・フィールドの大半はロックフェラーのスタンダード・オイルの支配下に置かれることになった。

ヒトラー上層部は、1939年末までにルーマニアとバクーの油田を占領し、ドイツ独自の石油資源を確保する計画であった。されました。そして、北アフリカの陸軍を指揮する優秀なアーウィン・ロンメル将軍は、1941年にペルシャの油田を、1942年にロシアの油田を占領することになる。そうして初めて、ヒトラーはドイツの将来を確保するための十分な燃料を手に入れることができるのだ。しかし、真珠湾攻撃から1週間も経たないうちに、日本がヒトラーを説得してアメリカに宣戦布告したのだ。これは、ヒトラーにはアメリカと戦争する資源も人員もなかったから、戦略的に動いたのだ。

また、スチムソン、ノックス、ルーズベルトが計画していたように、ルーズベルトに連合国側で参戦する口実を与えてしまったことも、彼が犯した最悪の過ちであった。ヒトラーは、日本がロシアを攻撃する場合にのみ同意した。ドイツ軍は現在ロシアで足止めされており、ロシアが東側で日本から身を守ることができれば、ヒトラーは戦略的に優位に立てるからである。日本軍がロシアを攻撃しない場合、ドイツ軍は非常に大きな損失で押し戻され、十分な燃料の供給もない。

プロスティのルーマニア油田は、ドイツが二正面戦争を戦うには十分ではなく、チャーチルと英国空軍の「ボンバーハリス」が意図的に狙ったドイツ労働者の住宅へのひどい爆撃を前に、ドイツの戦力は崩壊し始めた。第二次世界大戦のドイツ最後の大作戦は、ゲルト・フォン・ルントシュテット野戦司令官が侵攻する連合軍を機甲で攻撃し、アントワープ港を横断して連合軍の燃料貯蔵所を占領するという、見事な計画・実行の「バルジの戦い」であった。これによって米英軍を阻止し、ドイツが戦争を継続するために必要な燃料を手に入れることができる。しかし、アイゼンハワー将軍は連合軍の燃料庫の焼却を命じ、ドイツは大規模な空爆、燃料がないために離陸できない戦闘機（新型双発戦闘機を含む）、長期の悪天候によって敗走したのである。

ロシアに話を戻すと、1950年代初頭、ロックフェラー傘下のオクシデンタル石油のアーマンド・ハマーは、ロシアの指導者ヨシフ・スターリンとの取引を仲介してロシアの石油を購入し、事実上ロシア国民から石油を奪った。ちょうど「ユコス」やシカゴ・ウォートン・スクールの2000年のロシアの国有財産「私有化」計画で起こるようなものである。スターリンから石油を買おうとする国はほとんどなかったからである。

オクシデンタル・ペトロリアム社とロシア側は、ロシアのシベリア油田からカスピ海の両岸を通り、イランの旧英国系石油会社（現スタンダードオイル社）の農場タンクまで2本の大型パイプラインを建設した。

その後45年間、ロシアは密かにこのパイプラインを通じて石油を送り、スタンダード・オイル社はそれをイランの石油と偽ってウェスト・テキサス・クルーデッド価格で世界市場に売りさばいたのである。50年近く、ほとんどのアメリカ人は、ペルシャ湾の石油のほとんどが出荷されたサンフランシスコ、ヒューストン、ロサンゼルスなどの主要な港にあるスタンダード・オイル社の製油所で、ロシアから精製されたガスを使っていたのだ。

さらにイラクやトルコを経由するパイプラインが建設された。ロシアの石油は、OPECアラブ、イラク、中東の石油と呼ばれるようになり、OPECクォータという形で、さらに高い「スポット市場」価格で取引されるようになったのである。1972年の「石油危機」でキッシンジャーが始めた大掛かりな詐欺は、今や完全に認識され受け入れられていた。

こうして、1972年から1979年にかけて、何千万人ものアメリカ人やヨーロッパ人が、突然のガソリン不足と大幅な値上げに直面したが、ひるむことなくおとなしく受け入れた。史上最も成功した大規模な詐欺の一つであり、現在もそうである。1979年、ロシアの石油関係者は、ロシアから隣国アフガニスタンを経由する、もう一つの短くて安全なパイプラインルートを確保しようとした。しかし、この計画を嗅ぎつけたCIAは、「タリバン」と呼ばれる組織をゼロから立ち上げた。そのリーダーの一人がサウジアラビアのオサマ・ビンラディンという人物で、彼の家族は長い間ブッシュ家と非常に密接な関係にあった。

CIAによって武装され、ワシントンによって資金を与えられ、アメリカの特殊部隊によって訓練されたタリバンは、アメリカのジャーナリストが「侵略者」と呼んだロシア人に対して大暴れしました。タリバンは強力なゲリラで、パイプラインの建設を妨害した。

しかし、これにはマイナス面もあった。厳格なイスラム教徒であるタリバンは、イギリスやアメリカ東海岸のリベラルな家庭からのポピーやヘロインの取引を止めるよう主張したのである。このように、当初からタリバンには計画的な陳腐化があった。タリバンは欺かれることなく、アメリカが供給したすべての武器と、大量のアメリカドルの備蓄にしがみついたのである。そのうちの数人の指導者がアメリカを訪れ、ブッシュのテキサスの牧場で賓客として迎えられた。

イランでイギリスが支配するホメイニ新政権が誕生すると、アメリカ政府の帝国主義外交政策を担うアメリカ石油産業は、直ちにアメリカの銀行や金融機関にある79億ドルのイラン資産を差し押さえると脅した。1988年1月27日、*ウォール・ストリート・ジャーナル紙は*、スタンダード・オイルがブリティッシュ・ペトロリアムと合併したことを報じた。

スタンダード・オイル社がブリティッシュ・ペトロリアム社に売却され、合併後の新会社名は「BP-America」となった。*ウォールストリート・ジャーナル*紙は、スタンダード・オイルという誤った名前を持つ会社の略奪的なグローバル・マーケティング手法に対する懸念や、スタンダード・オイルの帝国主義的な政策について言及することはなかった。この13年間で、BP-Americaは、1911年に米国政府によって最初に解体される前に存在した旧スタンダード石油のすべての「ミニカンパニー」を吸収合併し、現在支配下に置いている。

何百万人ものアメリカ人は、自分たちがいかに嘘、共謀、裏切り、ごまかしに惑わされ、騙されてきたか、全く分かっていない。彼らは、アメリカの国旗を振り、愛国心に溢れ、信頼できる素晴らしい市民として愛国心を宣言し続けるのです。彼らは、自分たちがいかに騙され、奪われたかを知ることはない。ブッシュ大統領が、いつも盲目的についていく準備ができている国民を、どうして再びイラクの泥沼に引きずり込むことができたのか、今では理解することができる。

小国の生存競争は、米国とその代理人であるイスラエルやイギリスがイラク、セルビア、レバノンで示したように、民間インフラを爆撃し破壊する冷酷な敵に対する生存競争だけでは済まないのだ。今日、米英に対する小国の必死の闘いは、全地球の支配をめぐるものである。帝国主義のアメリカと世界の安全保障の間に立っているのはロシアだけです。これは個々の国家間の闘いではなく、アメリカが押し付ける新世界秩序、つまり世界政府に対する闘いなのだ。

ビンラディンとサダム・フセインは、アメリカ帝国主義に対抗する新しい戦争の口火を切った。実際には、カスピ海の石油、イラクとイランをめぐる新しい、はるかに大きな戦争、ブッシュがアメリカ議会からつぶやきもなく、ブッシュの提案していることが違憲であるという抗議もなく約束した「無限の戦争」である。600人の立法府の長がうなずきながら同意したことで、ブッシュは国の最高法規である合衆国憲法のもとでは権利のない権限を与えられたのである。

極東の石油の動きに話を戻す。

第二次世界大戦末期、ダグラス・マッカーサー元帥は、トルーマン大統領によって日本の軍政に任命された。マッカーサーの役割は、昔の「ジョン・D」の孫にあたるローレンス・ロックフェラーの補佐役であった。戦争末期の半年間は、日本列島への侵攻の準備が進められていた。沖縄は大規模な弾薬庫と化していた。マッカーサーに近い年代記者の中には、トルーマンがロックフェラーに指示して、ホーの「協力と好意」の見返りとして、北ベトナムのホーチミンに1米ドルという形だけの金額で軍備を引き渡させたと考える人もいる。もし、ベトナムで死ぬはずだった5万5千人の兵士たちが、この取引を知っていれば、屋根を上げたことだろう。しかし、あらゆる偉大な陰謀と同様に、その悪臭は、共産主義者との「良好な関係」という外交辞令という形で、大量の「消臭剤」の下に注意深く隠されていたのである。つまり、「ロックフェラー家がこの地域の石油を手に入れること」である。

フランスはどうですか？連合国」の一つではなかったか？フランスはベトナムを植民地にしていたのでは？我々の側」は常に「連合国」であり、反対側のブロックは暗く、厄介で、邪悪な「政権」であるというのは、おかしな話ではないだろうか。

マッカーサーは、なぜロックフェラーに裏切られたのか、という問いに対する答えはほとんどない。その答えを持っていたかもしれないのが、後にアメリカ大統領となるハーバート・フーバーである。彼は、当時フランス領だったインドシナ半島の南シナ海に、最大の石油採掘場があることを証明する研究を行った。スタンダード・オイル社は、この貴重な研究を知っていたようだ。これは海洋掘削が考案される前のことで、1920年代の出来事を振り返ると、ジョージ・ハーバート・ウォーカー・ブッシュという人物が、サパタ・ドリリング・カンパニーという世界的な海洋掘削会社のCEOに就任することになるのである。

1945年、第二次世界大戦が終わったとき、ベトナムはまだフランスに占領されていた。ベトナム人はフランス人を気に入っているようで、言葉や習慣まで取り入れていて、反乱を起こす気配はない。しかし、それは変わろうとしていた。ローレンス・ロックフェラーに、沖縄に保管されていた米軍の大量の兵器をベトナムの指導者ホーチミンに引き渡せという命令が下された。こうして、大規模かつ広範で高価なアメリカの兵器がホーチミンに渡された。ベトナムがフランスをインドシナから追い出し、スタンダード・オイルが未開発の海底油田を手に入れることを期待してのことである。

1954年、ベトナムのジアップ将軍は、ローレンス・ロックフェラーを通じてアメリカ軍から提供された軍備で、ディエンビエンフーでフランス軍を破った。フランスがアメリカの援助を必死で求めても、応えられない。トルーマン政権は、この計画を知っていたのですか？もちろん、そうです。騙されたアメリカ国民は知っているのか？もちろん、そんなことはありません。今や、密室での秘密取引は、アメリカ帝国政府の標準的な慣行となっている。

しかし、ワシントンの門にいる帝国主義の陰謀団は、東洋の不可侵性を考慮に入れてはいなかった。ロックフェラー一派が「よくやった」と自画自賛し始めた頃、ホーチミンは協定を破棄した。

教育熱心で情報通のホーチミンは、ベトナム沿岸に膨大な石油資源があることを証明したフーバー報告を何となく知っており、アメリカを巧みに利用してフランスを追い出し、ロックフェラーに軍配を上げたのである。1950年代には、水深の深いところで小さな爆発を起こし、その音が下の岩盤の異なる層に跳ね返ってくるのを記録することで、海底油田の探査を行う方法が開発されました。そして、その下にある石油を含むアーチ型の塩のドームの位置を正確に把握することができたのである。

しかし、もしこの方法がベトナム沿岸でスタンダード社が所有していない、あるいは権利を持っていない土地で使われたら、ベトナム、中国、日本、そしておそらくフランスさえも国連に駆け込んで、アメリカが石油を盗んでいると訴えるでしょうし、それだけで作戦を中止させることができるでしょう。

ロックフェラーとその子分のキッシンジャーは、ベトナムを南北に分断し、他の国々もそれに倣うように仕向けた。ベトナムを人為的に南北に分断した後、スティムソンとノックスが策定し、真珠湾攻撃でアメリカを第二次世界大戦に追い込むために使われた「人為的状況」が再び実行に移されたのである。アメリカが北ベトナムを全土から追い出すための舞台が整ったのである。ジョンソン大統領の扇動で、トンキン湾で北朝鮮海軍の魚雷艇と思われる「ゴースト」による米海軍駆逐艦への偽攻撃を演出した。ジョンソン大統領は、通常のテレビ放送を中断して攻撃を発表し、唖然とするアメリカの視聴者に「私が話している間にも、我が国の船員はトンキン湾の海域で命をかけて戦っている」と告げた。

良い劇場だったが、それだけだった。ジョンソン氏の劇的な発表には、一片の真実もなかった。全部、大嘘だったんです。トンキン湾事件は、もちろんアメリカ国民には嘘と認識されず、そのままアメリカは新たな帝国主義的石油戦争に突入し、悲惨な結果を招いたのである。

アメリカの空母がベトナム沖のオイルドーム上空に停泊し、海底の砂の下にある石油資源の豊富なビラから北ベトナムを追い出すために、アメリカの石油利権者の闘いが始まったのだ。もちろん、そう呼ばれることはなかった。この戦争が、通常の愛国的な言葉で語られていたことは、言うまでもないだろう。自由を守るため」「民主主義のため」「共産主義の蔓延を食い止めるため」などに戦わされた。

一定時間ごとに空母からジェット爆撃機が飛び立ち、南北ベトナムの各地を爆撃した。そして、通常の軍の手続きに従って、帰還時に、安全が確保されていない、あるいは使用されていない爆弾を海に落としてから、再び空母に着艦したのである。そのために安全な弾薬投下地点が、輸送船から離れた、石油が眠る塩のドームの真上に指定された。

南シナ海の海域で毎日のように起こる小さな爆発の数々を、近くで見ていた人たちも戦争の一部だと思わずにはいられませんでした。アメリカ海軍の空母が「ラインバッカー・ワン作戦」を開始し、スタンダード・オイル社がベトナム沖の海底調査を10年がかりで始めていたのだ。そして、ベトナム人も中国人も、そしてアメリカ人も、みんな何も知らなかったのです。この石油調査は、アメリカの税金で行われたため、スタンダード・オイル社には1円も負担がかからなかった。

20年後、5万5千人のアメリカ人の命と50万人のベトナム人の死を犠牲にして、ロックフェラーとスタンダード・オイル社は、石油の埋蔵場所を正確に示す十分なデータを集め、ベトナム戦争を終わらせることができたのだ。ベトナムの交渉担当者は、譲歩なしにあきらめるわけにはいかなかった。そこで、ネルソン・ロックフェラーの個人秘書だったヘンリー・キッシンジャーが、パリ和平会談の「アメリカの交渉役」（ロックフェラーの代理人と読む）としてパリに送り込まれ、その過程でノーベル平和賞を受賞した。

このような偽善、異端、チャラ男には敵わない。長い戦争の哀愁が薄れた後、ベトナムは沖合沿岸部を多数の油田に分割し、外国企業に入札を許可し、ベトナムが合意したロイヤリティを受け取ることを条件とするようになった。ノルウェーのスタットオイル、ブリティッシュ・ペトロリアム、ロイヤル・ダッチ・シェル、ロシア、ドイツ、オーストラリアが落札し、それぞれの地域で掘削を開始した。

不思議なことに、「競合他社」は誰もオイルを発見していない。しかし、スタンダード・オイル社が入札して落札した土地には、膨大な石油が埋蔵されていることが判明した。米海軍の爆撃機による大規模な海底地震調査が実を結んだのだ。

アメリカ国民を裏切り、一国政府の奴隷にしようとする陰謀団の手による恐ろしい欺瞞に耐えてきたアメリカ国民は、1970年代後半までに、自分たちの政府を少しも信用せず、ホワイトハウスがどの政党であろうと、ワシントンの言動を100%疑うことを学んだだろうと考えただろう。

それは、もはや個々の国家間の争いではなく、「一つの世界政府」による新世界秩序を通じて、全人類の完全支配を確立するための争いであった。

常識的に考えれば、政府に対する完全な不信感が必要であっただろうし、それが要求されてもいただろう。しかし、そうではなく、ダンピングと虐殺は、これまで以上に速度と猛烈さを増し、広い範囲で、45年間も続くことになったのである。これが、今のアメリカ人の姿です。完全に迷子になり、何の手段もなく、あらゆる希望が打ち砕かれたように見える。残念ながら、石油業界の欲望と強欲は一向に収まる気配がない。米英の「300人委員会」は、世界のエネルギー供給とユーラシア大陸を完全に支配することができると予測した戦略を展開していたのだ。1905年、ロスチャイルド家が旅順で日本軍をロシアに派遣したのが始まりである。中国の毛沢東を政権に就けたのも、彼らの構想の一部だった。帝国主義者ドナルド・ラムズフェルドが提唱する「前向き」戦略は、弁証法的アプローチに基づくものである。

米国はまず「友好的」な政府に武器を売る。例えば、パナマ、イラク、ユーゴスラビア／コソボ、アフガニスタン、パキスタン、タリバン・ムジャヒディーン、サウジアラビア、チリ、アルゼンチンなどである。友好的な政府には暗い秘密があり、自国民を脅かしている。[9]

ドラムセクションがドラムロールを奏でながら、ブラスセクションが、これは「悪の政権」だ、いい加減なものだ、と真実をぶちまける。しかし、アメリカ人は注意力が低いので、少し前まで喜々として武器を売っていたのと同じ政府であることに気づかないのだ。チェイニー氏はオーボエのソロを演奏して、この「政権」が今や米国にとって非常に現実的な危険であることを明らかにしているのだ。今すぐ突入してこの国を根こそぎ破壊しなければならない。米国憲法を守る気もない。宣戦布告もしない。奇妙なことに、我々は法律を守らない。しかし、そんなことは関係なく、メディアの交響楽団は本格的なGotterdammerungを演奏するのだ!パナマはG.W.ブッシュ皇帝の命令で侵略された。イラク、アフガニスタンは、占領された国々に「民主主義」をもたらすと宣言し、敗戦したばかりの国に基地を設置したアメリカ海兵隊の行進の音に満ちている。

より現実的な評価をすれば、この作戦全体が帝国主義の侵略に他ならず、強力な征服者たちが「民主主義」とは何の関係もなく、これらの国々の砂の下に眠る石油に関係する永久的な軍事占領を設定したことがすぐにわかるだろう。

もちろん、軍事基地がその国や周辺国のエネルギー資源をコントロールするためにあることは知らされない。現在のアメリカの外交政策は、「完全支配」のドクトリンに支配されている。アメリカは、その帝国主義的役割の一環として、あらゆる場所の軍事、経済、政治的発展をコントロールしなければならないのである。

この帝国戦略の新時代は、パナマ侵攻に始まり、いわゆる湾岸戦争を引き起こし、国連承認のバルカン戦争と続

[9]価値のない」という意味の減価償却用語。

き、現在はアフガニスタン、イラク、そしてその先には長年石油を欲しがってきたイランという新しいテロとの戦争で拡大しつつある。2001年1月20日、ドナルド・ラムズフェルド国防長官（当時）は、「テロと戦う」ために必要であれば、米軍を「他の15カ国」に展開する用意があると述べた。

国連が認可したバルカン戦争は、石油と、カスピ海からコソボを経て地中海に至る西ヨーロッパ市場向けの石油のパイプラインサーヴィスが引き金となったものである。チェチェン紛争は、誰がパイプラインをコントロールするのか、という同じ問題である。ユーゴスラビアが国際通貨基金（IMF）の命令に屈することを拒否すると、アメリカとドイツは組織的な不安定化作戦を開始し、この「戦争」にアフガニスタンの帰還兵の一部まで利用したのである。

ユーゴスラビアは、1972年のベラジオ会議で計画された通り、準拠する小国家に分割され、旧ソ連は封じ込められた、そうアメリカは考えていた。事実上のアメリカのセルビア占領（アメリカはベトナム戦争以来最大の軍事基地を建設）が進行していたのだ。

ここで、帝国主義帝国の石油産業が支配を求める具体的な分野に目を向けてみよう。

カスピ海地域は、150〜28億バレルの確認埋蔵量と400〜1780億バレルの推定埋蔵量を合わせると、世界の潜在石油埋蔵量の16%にあたる2060億バレル（サウジアラビア2610億バレル、アメリカ220億バレル）あり、帝国アメリカが目をつけている地域である。これは、総額3兆円相当の石油に相当する可能性があります。

今のところ、その姿は見えない。コーカサスに新しい石油・ガスの供給源を持つスタンダード・オイル社は、南アジアに新しい拠点を開発する一方で、サウジアラビアに「民主主義」を作り上げようとしているのだ。カスピ海に埋蔵されている膨大な石油・ガスを、西はヨーロッパ市場へ、南はアジア市場へ輸送することである。西側のルートは、チェチェンから黒海、ボスポラス海峡を経由して地中海に石油を運ぶものだが、狭いボスポラス運河はすでに黒海油田のタンカーで混雑している。

黒海から来た石油タンカーがボスポラス海峡を迂回してドナウ川を通り、コソボを経由してアルバニアのティラナで地中海に出るというルートも考えられるが、非常に短いパイプラインである。しかし、この流れは中国に止められた。情報調査の結果、報告されたとおりです。

もう一つの問題は、西ヨーロッパは石油製品の価格が高く、高齢化が進み、天然ガスとの競争が激化しているという特徴を持つ、難しい市場であるということだ。また、この地域は、現在、中東、北海、スカンジナビア、ロシアからの石油が供給されており、非常に競争力があります。

ロシアは、「オレンジ革命の女」ユリア・ティモシェンコを億万長者にした、ロシアのガスと石油の盗難の世界記録であるウクライナを通るパイプを取り除く計画に着手しようとしていることが分かっている。

カスピ海の石油とガスをアジア市場に供給するには、ルートが長すぎる中国を経由するか、政治的・経済的に米国の標準石油目標に敵対しているイランを経由する以外に方法はない。

1970年代後半、ソ連はカスピ海に新たな石油資源を発見するや否や、アフガニスタンと交渉し、アフガニスタン、パキスタンを経由してインド洋に石油を運ぶ南北の巨大パイプラインシステムを建設しようとした。しかし、アメリカはその後、サウジアラビアとパキスタンの協力を得て、それまで存在しなかった「タリバン」という組織を作り上げた。

アメリカ帝国主義の石油戦略はそこで生まれた。アメリカはイスラム教をもてあそび、ロシアを悪とし、世界中のイスラム教徒と対立するように描きました。

ロシア軍がアフガニスタンに侵入したとき、CIAは「友人」を武装させ訓練し、侵略者に対するタリバンの抵抗を指揮するためにオサマ・ビンラディンをカブールに送り込んだのである。タリバンは、アメリカを「大魔王」と見なす強力な勢力となった。その結果、タリバンとロシアの侵略者の間で戦争が長引き、タリバンが勝利した。CIAは、かつてのチーフ、ジョージ・ブッシュ長老を通じて、ブッシュ家と多くのビジネス上のつながりがあることから、ビン・ラディンを頼りにできると考えた。しかし、ロシアが去った後、アメリカが冷酷に彼を見捨てると、ビン・ラディンは袂を分かって、ワシントンやリヤドを敵視し、彼らの最悪の悪夢となったのだ。

これは、帝国石油産業が米国の外交政策を決定し、それを実施するために米軍を利用した、多くの帝国「秘密戦争」の一つに過ぎないのである。このような戦争は、他にもメキシコ、イラク、イラン、イタリア、ベネズエラで起きている。スタンダード・オイル社はCIAに影響を与え、アフガニスタンを通るロシアの南北石油パイプラインの危険性にアメリカ政府の注意を向けさせ、オサマ・ビン・ラディンを含むイスラム原理主義武装グループの訓練に認可と資金提供を行ったことが、現在わかっている。

ロシアの代替案は、旧ソ連の南アジア諸国（トルクメニスタン、カザフスタン、ウズベキスタン、タジキスタン、キルギス）を経由するパイプラインで、西ヨーロッパへの石油・ガスの流れをコントロールすることであった。それまで、アメリカから全く見放されていたこれらの共和国が、突然、CIAから大きな注目を浴び、多額のドルの束と将来の約束で口説き落とされたのである。

CIAは、これらの国々を熱烈な求婚者のように口説き、その策略によって、ロシアが自分たちをパートナーとして扱わないことを指導者たちに説得した。こうして、旧ソ連の極東諸国は、アメリカの石油会社と相談するようになり、やがて、これがアメリカの外交政策の真の源泉であることを知ることになる。帝国石油産業は、イラクやイランの開拓時代と同じように、旧ソ連極東諸国に全力を傾けたのである。スタンダード・オイル社を中心に、アメリカが南アジアに進出する計画やシナリオが描かれた。米軍はすでにウズベキスタンに常設の作戦基地を置いていたが、これも石油業界の要請によるものだった。タヴィストック研究所が呼ばれ、キッシンジャーの元イタリアP2メイソンのチーフカポ、マイケル・レディーンが関与した「ブラフ・フェンス」で真意を隠したのである。レディーン（現在はトロツキストやボルシェビキの痕跡を消し去り、「新保守主義者」に変身）はこの策略を「テロ対策」と呼んだとされる。

このような戦略が機能するためには、アフガニスタンが9.11の責任を負わなければならず、それが「でっち上げられた状況」の完璧な隠れ蓑となったのである。ブッシュ大統領は、ツインタワーへの攻撃は「タリバン」の仕業であり、タリバンの世界本部はアフガニスタンにあると言い放ったのです。

もちろん、独裁者が指揮をとる隣のパキスタンの民主主義の欠如を無視して、アフガニスタンの人々に「民主主義をもたらす」ことは困難だったが、「革新的思考」がそれを引き受けたのである。今、米軍はまさに石油産業が必要としている場所にいた。

CHAPTER 22

NATOは自国の憲章に違反している

NATOによるセルビア爆撃の背後にあるものに話を移す前に、レディーンや彼の仲間のネオボルシェビキ、クリストル、フィース、パール、ウォルフォウィッツ、チェイニーがどんなに賢い日だと思っていても、頭痛を抱えるロシアのウラジーミル・プーチン大統領にはかなわないことを付け加えておこう。1999年のNATO（米国と読む）のセルビア攻撃で明らかになったのは、米国と英国が、かねてからセルビアからコソボの支配権を奪おうとしていたアルバニア政府のために行動していたのではないか、という強い疑念の声であった。アルバニアは、英米がカスピ海からアルバニアを経由して計画したパイプラインプロジェクトの切り札を握っていたのである。

パイプラインは、ブルガリア、マケドニア、アルバニアを通り、黒海のブルガス港からアドリア海のヴィオレまで続く予定であった。フル生産時には、このパイプラインは日量75万バレルを輸送することになる。このプロジェクトは、BP（ブリティッシュ・ペトロリアム）と米国のパートナーのために、英国政府によって承認されたものである。

当時のイギリス外務大臣ロビン・クックは、このことを問われると、「そんなのバカバカしい」と一笑に付し、調査を中止した。「コソボに石油はない」とクックは言った。もちろん、その通りなのだが、コソボの石油の問題を非常に単純化して、簡単に否定してしまうことで、調査団は戦意を喪失してしまったのだ。バルカン半島横断のガスパイプライン計画は、アメリカやイギリスの新聞で日の目を見ることはなかった。

2005年5月、米国商務省開発局が発表した文書には、対ユーゴスラビア戦争の真の理由を確認するものではないが、いくつかの重要なコメントが記されている。

> 興味深いことに、...カスピ海からの原油は、輸送路としてのボスポラス海峡の安全性をあっという間に上回り、... (プロジェクトは) 米国の精製所に安定した原油供給源をもたらし、重要な東西回廊の開発で米国企業に重要な役割を与え、米国政府のこの地域での民営化を進め、バルカン半島の西ヨーロッパとの急速な統合を促進するだろう。

1993年7月、マケドニア北部の国境に米軍を派遣し、計画の第一歩を踏み出した。このことは、はっきり言ってかなりおかしいと思われたかもしれない。しかし、アメリカの人々は、アメリカの「平和維持」軍がセルビアとアルバニア人の間で紛争が起きている地域には派遣されなかったことに気づかなかったようだ。セルビアで「人権」侵害が起こっているはずのとき、バルカン半島横断ガスパイプライン計画が、セルビア国境からわずか15マイルのマケドニアを通ってスコピエに至るものであることを、アメリカ国民は知らなかったのだ。

ワシントンは、マケドニアにセルビア人が進出するのを防ぎたかったと言ったが、それは意図したものではなかった。しかし、1991年の湾岸戦争に向けたブッシュ政権の嘘のように、ブッシュはサウジに対して、サダム・フセインはクウェート侵攻に止まらず、それが達成されればサウジを侵攻すると警告し、その嘘は成功した。

マケドニア国境に米軍が駐留している本当の目的、特に1993年5月のバルカン半島横断ガスパイプライン建設合意の一部であることについては、何も語られなかった。パイプラインはセルビアを経由しないが、その発足の会合に出席したアルバニア大統領は、英米に向けたメッセージとして、その意味するところを明確に伝えていた。

> 私自身は、セルビアの国境内に閉じこもった解決策では、永続的な平和は得られないと考えています。

米英がバルカン半島縦断パイプラインにアルバニアの同意が欲しいのなら、コソボをアルバニアの管轄下に置くべきだというのが、彼の言いたかったことだと、会議に出席した外交官たちは口を揃えて結論づけた。月6億ドルの危機に瀕していたアメリカとイギリスは、コソボのアルバニア人に対するセルビアの虐待を終わらせるという偽りの大義の下、NATOを装って石油のないセルビアへの卑怯な攻撃を開始したのである。ロビン・クックの言葉は、イギリスがセルビアを攻撃した理由を聞かれたときよりも、さらに空虚に響く。

> "領土を奪うためでもなく、拡大するためでもなく、鉱物資源のためでもない、軍事行動の用意があることを実証した。コソボには石油がない。社会労働党は、石油のためにやっていると言い続けていますが、これは深く当惑しています。汚い褐炭しかないのですから、汚い褐炭以外のものを使うように早く働きかければいいのです。この戦争は、領土を守るためではなく、価値を守るために戦う戦争なのです。だからここで言えるのは...外交政策は、こうした懸念に導かれてきたということだ。"

ブカリアンは、ロビン・クックがこれほど説得力のある嘘をつけることを誇りに思ったことだろう。

北海の埋蔵量（世界の石油の約3%、ガスの約1%）に相当するカスピ海エネルギーは、英米にとって戦略的に重要であり、アルバニアを受け入れるためにユーゴスラビアとの開戦を決意したほどである。セルビアの指導者ミロシェビッチを追い出した本当の理由は、アルバニア人をコソボ州から追放するという彼の決意にあった。そうなれば、今後何年にもわたって紛争が続くことになり、金融機関はバルカン半島縦断パイプラインへの大規模な融資に消極的になってしまうだろう。

1990年代初頭から、シェブロン・アモコ・ソカーやBPといった英米の石油会社が、カスピ海流域に大規模な投資を行った。TRACEA（Transport Corridor Europe-Caucasus-Asia） は1993年に誕生した。IOGATE（Interstate Oil and Gas Transportation to Europe）は、1995年に設立されました。SYNERGYは1997年に設立されました。AMBO（Albanian Macedonian Bulgarian Oil Pipeline Corp）は、OPIC（海外民間投資公社）の融資を受けた。マケドニア国境に米軍が派遣され、石油産業の傭兵として活躍したのも無理はない。

しかし、Eastern Europe Energy Report 20, June 1995 Second Black Sea Oil Pipelineでは、「ユーゴスラビアの戦闘は、すべてにおいて大きな障害となっているようだ」と述べ、クリントン政権が南バルカン開発構想（SBDI）の下ですでに3000万ドルを投入していたこの有望な開発に一石を投じることになった。

NATOの空爆が始まる1年前、欧州連合（EU）の理事会が開かれ、「カスピ海エネルギーパイプラインに関する宣言」が話し合われた。ロビン・クックが議長を務め、事実上、セルビア人の戦闘を解決しなければならないことを宣言したのだ。導き出される結論は、決して大げさなものではありません。

原爆投下に先立つプロパガンダは、全面的かつ世界的なものであった。NATO（アメリカ）の対ユーゴスラビア戦争は、セルビアで起きているとされる民族暴力と、コソボに住むアルバニア人の人権侵害を止めるためだと、世界中に信じ込まされ、実際に信じ込まされた。ウィリー・マンゼンバーグも全面的に支持しただろう。拙著『300人委員会』や『タヴィストック人間関係研究所』では、史上最高のプロパガンダの達人、ヴィリー・マンゼンバーグの経歴を取り上げている。

レーニンのスイス亡命に同行し、レーニンが「封印列車」でロシアに送り返された後、ミュンゼンベルクは彼の人民啓蒙局長に就任したのである。彼は多くのGRU将校やスパイの訓練を担当し、その中には30年間MI6を含むすべての西側情報機関を欺いた悪名高いロート・カペル（「赤いオーケストラ」）の名スパイリーダー、レオン・テッパーも含まれている。

ジョン・J・マレスカユノカル社の国際関係担当副社長は、カスピ海の石油について次のように語っている。

> 「大統領、カスピ海地域には未開発の巨大な炭化水素の埋蔵量があります。天然ガスの確認埋蔵量は、236兆立方フィート以上というから、その大きさがわかる。この地域の石油埋蔵量は600億バレル以上に達する可能性が十分にある。2,000億円という試算も....
>
> この地域の膨大なエネルギー資源を、いかにして必要とする市場に届けるか、大きな課題が残されている。中央アジアは孤立している...これらの国々は、それぞれ難しい政治的課題を抱えています。あるものは、未解決の戦争や煮えたぎる紛争を抱えながら....。また、この地域の既存のパイプラインのインフラは、石油を輸送する上で私たちが直面する大きな技術的ハードルとなっています。この地域のパイプラインは、モスクワ中心のソ連時代に建設されたため、ロシアの北や西に走ることが多く、南や東につながるものはない。アフガニスタンで計画しているパイプラインの建設は、政府、金融機関、そして当社の信頼を得られる公認の政府ができるまで着手できないと、当初から明言して

いた。"

これで、アメリカがなぜアフガニスタンで戦争をしているのかがわかった。9.11やタリバンとはほとんど関係がなく、帝国の石油地政学の一環として、あの国にアメリカの傀儡政権を樹立したことにすべてが関係している。また、NATOがセルビアを攻撃した本当の理由もわかってきた。アルバニアとの確執は、カスピ海流域のパイプラインプロジェクトに関わる政府、「貸し手と私たちの社会」を動揺させていたのだ。

ロシアは、アメリカが「唯一の超大国」であるという誤った主張を利用して、アメリカのアフガニスタン侵攻に反対しないふりをした。アメリカがイラクとアフガニスタンに同時に泥沼化するのを、ロシアは非常に喜んだからである。プーチン大統領は「マスチロフカ」（欺瞞）の達人である。ワシントンのブッシュ政権がロシアを打ち負かしたと自画自賛している間に、プーチンは中国や旧ソ連のアジア領土と交渉し、アメリカ帝国主義の拡張主義計画を抑制する同盟ブロックを形成していたのである。プーチンの指導のもと、中国、ロシア、カザフスタン、キルギス、タジキスタン、ウズベキスタンが加盟する上海協力機構（SCO）に中国とロシアが加盟したのです。中国は、経済的、軍事的、政治的にロシアと協調するためにSCOに参加した。40年近く続いたロックフェラー・李氏朝鮮の協定に代わって、新たにSCOの協定が結ばれた。

ロシアのSCO加盟は、中央アジアにおける伝統的な覇権を維持するための試みである。SCOの根底にある論理は、加盟国の膨大な石油・ガス埋蔵量をコントロールすることだ。アフガニスタンとイラクが、南アジアや中東の政権を不安定にし、孤立させ、支配権を確立するための拠点となる運命にあるというロシア、中国、インド、その他のSCO諸国の懸念は、十分に根拠のあることが証明されたが、プーチン大統領の指導のもとSCOが設置され機能していたので、払拭しやすかったのだろう。

中東の地図を見ると、イラクとアフガニスタンの間にイランがある。だからブッシュはイランを「悪の枢軸」に入れたのだ。アメリカ帝国主義戦略は、アメリカがこの地域の征服を完了し、ロシアや中国からの異議申し立てなしに恒久的な軍事基地を設置する間、ロシアは邪魔にならないようにしなければならないという事実に基づいている。次の段階として、トルクメニスタン、アフガニスタン、パキスタンを通るパイプラインの建設が始まり、ユーラシア大陸の市場に石油を供給することができるようになります。

このパイプラインプロジェクトの先鋒を務めるのは、スタンダード・オイル社の利益を守るユノカル社である。ユノカル社は、アフガニスタンとパキスタンを通り、インド洋に至る南北の石油パイプラインを何十年にもわたって建設しようとしてきた。アフガニスタンでワシントンの傀儡大統領であるカルザイ大統領は、ユノカルのアフガンでの冒険の元幹部であった。実はカルザイはユノカルのトップで、会社を代表して交渉していたのだ。また、パシュツーンのドゥラニ族のリーダーでもある。

1980年代にソビエトと戦ったムジャヒディンのメンバーであるカルザイは、CIAの重要な窓口として、CIA長官ウィリアム・ケーシー、副大統領ジョージ・ブッシュ、その間のパキスタン情報局（ISI）と密接な関係を維持していた。ソ連がアフガニスタンから撤退した後、CIAはカルザイとその兄弟の米国への移住を支援した。

*ニューヨーク・タイムズ*の報道によると.

> 1998年、アフガニスタンを通る超長距離パイプラインを計画していたコンソーシアム「中央アジアガス（セントガス）」に46.5%の出資をしていたカリフォルニ

> アのユノカル社が、数年間の失敗を経て撤退することになった。このパイプラインは、トルクメニスタンのダウレタバード鉱区からパキスタンのムルタンまでの7277km、距離にして1271kmを走る予定であった。その費用は19億ドルと見積もられていた。

同社がすぐに明らかにしなかったのは、ビン・ラディンやタリバンの強い反対でパイプライン計画が頓挫したことだ。6億ドルを追加すれば、エネルギー需要の多いインドまでパイプラインを引くことも可能だった。

そこで登場するのが、ディック・チェイニー副大統領の会社、ハリバートンである。ロシア軍情報部は1998年から、アメリカ人がアゼルバイジャンで大規模な石油事業を計画しており、ディック・チェイニーがアゼルバイジャンの国営石油会社と、カスピ海に建設予定の海上石油掘削基地を支援する6000平方メートルの海上基地の建設契約にサインしようとしていると報告していたのである。

2001年5月15日、チェイニーの事務所からの声明は、ハリバートンの新しい基地が「ハリバートンの双胴型クレーン船、カーバン・アバソフ号の今後のオフショアおよび海底パイプレイ活動を支援する」ために使われることを示しました。前述のように、1998年にユノカルがタリバンと結んだ協定は、タリバンがアフガニスタンの他の部族をすべて敵に回し、南北パイプラインプロジェクトの政治環境を不安定にすることが明らかになったため、打ち切られたものである。

しかし、ユノカル・ハリバートン社とスタンダード・オイル社が「テロとの戦い」という新しい策略を考え出したのは、この重要な局面であったことを示唆するいくつかの証拠がある。ディック・チェイニーは、アメリカ政府に「解決策」を提供した。9月11日は、アフガニスタンで「テロとの戦い」を行うために米軍を派遣する口実となった。

プロパガンダは、米軍がアフガニスタンに突入しなければならない「理由」の数々を吹聴した。ビン・ラディン率いるタリバンが「世界各地や海外の米国施設への大規模なテロ攻撃」を計画していたようなのだ。この主張を裏付ける証拠は何一つ出てこないが、これまで加担し、騙されてきたアメリカ国民は、これを「福音」として受け入れている。

2006年には、石油産業によるアフガニスタン戦争の透明な動機は誰の目にも明らかだった。2002年1月2日、米国のウェンディ・チェンバレン駐パキスタン大使が、スタンダードオイル社を代表して、パキスタンのウスマン・アミヌディン石油相に会うという長年の約束を果たし、パイプラインプロジェクトはまた一歩前進を遂げた。会談の焦点は、南北パイプラインの推進計画と、パイプラインのためのパキスタンのアラビア海オイルターミナル建設に対する米国の資金提供についてであった。

ブッシュ大統領は、アフガニスタンに米軍を駐留させることを繰り返し表明している。米軍が帰還できるように国連軍が引き継ぐはずなのに、なぜこのような事態になるのでしょうか。その答えは、国連軍が準軍事警察として機能することで、米兵を解放して南北パイプラインの建設を監視させるというものだ。アヘンケシ畑の監視も行うとの情報もあるが、この任務の確認は取れていない。この任務は英国軍に割り当てられた。

ブッシュ大統領は最近、国家安全保障チームに無名のアフガン人であるザルマイ・ハリルザドを起用し、眉をひそめている。私たちは、この一見変わった人事を説明できると考えています。ハリルザドは、CentGasプロジェクトの元メンバーであった。ハリルザド氏は最近、アフガニスタン担当の大統領特使に任命された。彼はパシュトゥーン人で、モハメド・ザヒール・シャー国王時代の元政府高官の息子である。パイプライン計画がタイムリーに進行するよう、また計画の進捗に遅れや支障がある場合は、大統領に直接報告するために存在したのだ。

シェブロンの取締役であったコンドリーザ・ライスの支持もあったが、彼がシェブロンでどのような役割を担っていたかは明らかにされていない。カリザドはランド・コーポレーションのコンサルタントであると同時に、ウノコールとタリバン政府との特別な連絡役を務め、プロジェクトのさまざまなリスク分析も担当した。

テロとの戦い」のアフガニスタン部門が「解決済み」とされ、ウズベキスタンとアフガニスタンに米軍基地が置かれた今、スタンダード・オイル社のスカウトがさらなる石油を求めて潜入できるのはどの国だろうか。アメリカ政府は、石油を探し続けなければならないと言っているが、理想的には（この観点から）これらの場所のほとんどは、テロリストをかくまうと指定されている国、すなわちイラク、シリア、イラン、南米、特にベネズエラやコロンビアにある。なんて便利なんだ」と言う人もいるかもしれません。

しかし、帝国の石油戦士たちは、ロシアの裏庭であるシベリアにも目を向け始めた。エクソン、モービル、ロイヤル・ダッチ・シェル、フランスのトタルSAは、1990年代に当時のソ連から北極圏の石油・天然ガス探査の契約を獲得している。ブッシュ長老の無申告、違憲、したがって犯罪的な戦争である1991年の湾岸戦争は、クウェートにイラク南部の巨大なルメイラ油田を最初の時よりもさらに多く盗ませる結果となった。

これは、戦後、クウェートの国境を一方的に拡大することによって行われた。イラクの財産を不法に差し押さえたことで、イラクから多くの好ましくない報復を受けることになった。この「ニューフロンティア」によって、BPとスタンダードオイルが支配するクウェートは、戦前の2倍の石油生産量を記録することになった。1921年にイギリス軍が「クウェート」を作ったという歴史的で真実の説明は、ルメイラ油田の真ん中に任意の線を引き、その盗んだ土地を「クウェート」と呼ぶことである。

以下の文章は、「Oil
Analyst」に掲載された記事から引用したものです。"

> 最近、西部の砂漠で油田を発見したイラクは、その油田が開発されればサウジアラビアを上回る石油を保有するとの見方が強い。

2003年の米国の違法なイラク侵攻以前は、イラクは1日300万バレルを生産し、そのほとんどは国連の監督下にある「オイル・フォー・フード」プログラムを通じて世界市場に送り出され、収益のわずかな割合をイラク人のための食糧や医薬品に充てていた。イラクは、それでも石油の一部をシリアに輸出し、シリア産の石油として販売することができた。

2001年9月、ブッシュ政権はイラクを脅し始めたが、実際には数カ月前からイラク侵攻の有事計画が準備されていた。フランスとロシアをターゲットにした脅迫であった。両国はイラクと重要な貿易を展開し始めており、新帝国石油王子のディック・チェイニーはこれを全く意に介さなかった。現実には、米国企業、特にチェイニー氏のハリバートン石油会社やゼネラル・エレクトリック（GE）社が、イラクで商品やサービスを売って何十億も稼いでいるのだ。干渉は許されない。2003年の戦争に先立ち、イラクは国連による制裁解除への支持を得るため、アラブ湾岸協力会議（GCC）加盟国であるバーレーン、クウェート、オマーン、カタール、サウジアラビア、アラブ首長国連邦に便宜を図ろうとした。

この予想外の展開に危機感を持ったスタンダード・オイル社の外交担当者は、ビッグブラザー・アメリカに、GC

C加盟国に対して、イラクを加盟させないように、さもなくば結果を出すようにと脅すように頼んだ。ロシアは、対イラク軍事禁輸措置の解除につながる措置を含む、制裁問題の「包括的解決」を要求し始めた。2002年1月24日、ロシアのイワノフ外相は、米国のイラクへの軍事介入に強く反対した。ロシアの石油会社ルコイルとロシア政府機関2社が、イラクの西クルナ油田の操業に関する23年間の契約を締結していた。

この契約では、200億ドルの潜在市場である同油田の原油6億6700万トンのうち、半分をルコイルが、4分の1をイラクが、4分の1をロシア政府機関が受け取ることになっていた。冷戦時代、ロシアがイラクを武装していた頃、イラクは今でもロシアに少なくとも80億ドルの借りがある。しかし、ロシアが「アメリカ帝国主義」に反対した理由は別にある。オルブライト国務長官の指示でセルビアを76日間夜間爆撃した残虐行為に心を痛めたロシア軍は、小国への2度目の攻撃を米国に許さないという決意を固めた。

ロシアの特殊部隊は、セルビアのプリシュティナに駆けつけ、米軍の到着に備えて空港を確保し、攻撃された後にセルビアと一緒に参戦できるようにと考えたのである。第三次世界大戦の勃発を防いだのは、地上のイギリス人指揮官の自制心だけだった。ロシアは、セルビアを略奪・強姦されたことを根に持っており、復讐を果たそうとしたのである。

心配したワシントンは、ロシアをなだめるためにモスクワと何度も行き来し、まだ秘密裏に交渉して、事態は収拾に向かった。2001年、ロシアは国連の石油食糧計画に基づいて13億ドルの石油契約を獲得した。この計画は、イラクが石油を売ってイラクの民間人を助けるための物資を購入できるようにするものであった。

2001年9月、イラク石油省は、国連の制裁が解除され次第、ロシア企業に400億ドル相当の契約を追加で発注する意向を表明している。

2002年2月、ロシアのイワノフ外相は、ロシアとイラクは過激派とテロリズムの問題で合意し、米国が支援するイラク制裁は逆効果であり、解除されるべきであると述べた。さらに、ロシアは「国際的なテロ対策活動を、イラクを含む任意に選ばれた国家に拡大または適用する」ことに強く反対していると強調した。ロシアが国連安全保障理事会での拒否権を行使して、イラクに対するすべての制裁を止めようとしているため、レトリックが加熱しているのである。

そして2003年、帝国共和党の戦争政党スタンダード・オイル・ブッシュは、ネオ・ボルシェビキの同盟者に支えられ、バグダッドへの空爆を急いで、合衆国憲法、国際法、ジュネーブ4条約に著しく違反した。違法な対イラク戦争によって、イラクのロシア、ドイツ、フランスとの恒久的な協定はすべて終了した。しかし、その3年後、七尾の石油カルテルは重大な報復を受けることになる。ブッシュとネオ・ボルシェビキのイラク攻撃に対するヨーロッパ諸国の反発は、すぐさま起こった。

イラクが「大量破壊兵器」を持っていて、それをイギリスに対して使う準備をしているという子供じみた言い訳を世界にした。ライスさんは、経験が浅く、愚かで、政治的な知識もない。もし止めなければ、アメリカ人は大都市の上に「きのこ雲」を見ることになるだろうと、不吉な警告を付け加えた。6年経った今でも、この「雲」の出現を待ち望んでいるのです。タヴィストックが生み出した大嘘は、アメリカ国民の約75%に受け入れられました。何十人もの専門家が、大量破壊兵器に関するブッシュとブレアの主張を嘲笑し否定したにもかかわらず、二人は文字通り土足で崩れるまでその嘘をつき続けたのである。しかし、そんなことはどうでもよかった。スタンダード・オイル社の帝国外交が勝利し、アメリカの侵略によってイラクの石油が確保され、戦争はどうせ長続きしない、そう世界に知らしめたのだ。アメリカ軍はクウェートから砂漠を駆け抜け、間もなくバグダッドに侵攻する。

中国の忠誠心の変化は、ブッシュのプランナーには考慮されていなかった。ブッシュは、中国が1964年のロックフェラー・李氏朝鮮協定にまだ拘束されていると見ていた。しかし、スタンダード・オイル/ブッシュ石油帝国主義の拡大計画は、米国と戦う中東諸国を支援する中国の関心の高まりとぶつかった。2002年1月、ヨルダンのアブドラ2世が中国を訪問した際、中国の江沢民国家主席は「イスラエルとパレスチナの和平を進めるために、中国はアラブ諸国との関係を強化したい」と発言している。この発言は、アメリカ国務省に衝撃を与えた。ブッシュ大統領とライス国務長官を狼狽させたのは、もしネオボリシェヴィキがイラン攻撃という狂った計画を進めれば、中国は、アメリカの軍隊をどの国にも投入する憲法上の権限が全くないにもかかわらず、介入する用意があるということであった。

中国は、アメリカ海軍に大きな損害を与える可能性のあるウェーブジャンプ巡航ミサイル「エクソセット」の自国版をイランに供給することでその立場を明確にしている。石油帝国主義者たちは、イラクを筆頭に中東で帝国を拡大し続けている。ボルトン氏は、ホワイトハウスの好意により、上院で不適格とされたにもかかわらず、職権乱用で大統領令によって国連に就任した（数年後、即刻解任）。
大統領は、「必要かつ適切」かつ緊急事態である場合を除き、大統領令による任命は憲法上認められているとは到底言い難いのである。ボルトンの場合、上院がすでにボルトンの承認を拒否していたため、「必要」でも「適切」でもなく、したがって休会任命は憲法上の権限と手続きの乱用であったことは間違いない。しかし、スタンダード・オイル/ブッシュ帝国主義者たちは、中東における中国の脅威に対処する計画を、そのような懸念に妨げられることを拒否したのである。ボルトンが国連に就任するまで、その努力を一時的に止めたに過ぎない。ボルトンは国連で、イラクやイランでの米国の行動を支持するよう、各国を嫌がらせ、脅迫するために必要とされた。それ以上に、法律事務所ベーカー・アンド・ボッツの特別代理人として、ジェームズ・ベーカー三世が受け継いだ不良債権の保証をすべて引き受ける責任を負っている。

アメリカ帝国主義の石油カルテルは、イラクの石油を掌握し、今度はシリアとイランの石油に目をつけている。ブッシュがテロリストをかくまっていると言う国々を侵略し、その国のエネルギー源を乗っ取るという本当の目的を持っている。第三段階は、カスピ海産原油をめぐって米国がロシアと衝突し、その原油を欧州市場に供給する努力をするときである。その日はそう遠くないかもしれません。

今、ロシアはそのペースを上げている。2006年8月28日、プーチン大統領はギリシャのアテネを訪問し、数年来停滞しているカスピ海パイプライン計画を推進することになった。プーチン大統領はアテネで、ギリシャのカラマンティス首相、ブルガリアのグレゴリー・パルヴァノフ大統領と会談した。三者会談では、カスピ海からブルガリアのブルガス港、そこからエーゲ海沿岸のギリシャのアレクサンドルーポリス港までのパイプラインの早期完成に焦点が当てられました。完成すれば、年間3,500万トンの石油を輸送することができ、少なくとも1バレルあたり8ドルの輸送コストを削減することができます。このパイプラインによって、ロシアは、米国が支援する大規模なバクー・トブリシ・セイハンパイプラインを横取りし、欧州市場向けのカスピ海原油の支配力を維持することができるようになるのだ。そのため、米国は当面の間、アフガニスタンの南北パイプラインに焦点を当てることにした。このパイプラインは、いわゆる北部同盟によって追い出される前よりも強力で装備も充実した復活したタリバンの厳しい抵抗に直面している米兵によって建設・警備が行われている。タリバンの指導者は、パイプラインの推進を阻止することを決意している。2006年7月に始まった新たな戦闘は、8月になると熱を帯び、米国がスポンサーとなっているメディアでは、タリバンに渡るアヘン取引収入をつぶすための米国の努力として戦闘が描写されるようになった。しかし、ブッシュ政権の巨大なプロパガンダ・マシンのおかげで、頭の鈍いアメリカ国民にはそう受け止められる可能性が高い。

第23章

ロシアが「セブンシスター」に挑む

この時点で、ロシアは、現在世界で最も鋭い地政学的戦略家であるウラジーミル・プーチンの指導の下、「7人姉妹」の下に敷物を引き抜くことを決定したのだ。ロシア外相は、1991年に旧ソ連と交わされた協定が守られているかどうかを疑問視し、シベリアにおける欧米の主要石油・ガス投資プロジェクトにブレーキをかけようとしていることを明らかにした。

米国国務省は直ちに反応し、トム・ケーシー報道官は、ブッシュ政権は次のように述べた。

> 「ロシア政府が、ロイヤル・ダッチ・シェルと日本の2つのグループがサハリン島で開発した2000万ドルの液化天然ガスプロジェクトに対する環境許可を取り消したことを非常に懸念している」と述べた。

ロシア政府の対応は、サハリンでのエクソンモービルのプロジェクトの中止を検討することを発表した。米国は1991年と1994年の旧ソ連との協定に基づき、権利を主張した。西ヨーロッパと米国は、プーチン大統領率いるロシアが、同国の膨大なエネルギー資源に対する支配権を主張するために、協調して努力していることに懸念を抱いている。

プーチン大統領はフランスを公式訪問し、トタルSAが変更に含まれないことをシラク大統領に再確認させた。パリ訪問で、両首脳はより親密になったとオブザーバーは指摘した。

プーチンは間違いなく、フランスがイラク戦争に反対し、国連のイランへのボイコットに参加することを拒否したことが報われたと米国に伝えたのだ。シラク大統領は、エリゼ宮で行われた公開の式典で、プーチンにレジオン・ドヌール勲章を授与した。訪問中、プーチン大統領はコソボ情勢についてロシアの深刻な懸念を表明した。モスクワ-
サンクトペテルブルグ間の高速道路建設でフランス企業と合意したほか、エアバスA350型機22機をロシアが購入することに合意した。2006年9月24日、シェルは、200億ドル規模のサハリン2石油・ガスプロジェクトの操業許可を天然資源省から取り下げられ、停止される恐れがあることが明らかになった。サハリン2プロジェクトは約8割が完成しています。一方、国営ガス大手のガスプロムは、サハリン1の買収を交渉中である。この申し出が受け入れられなければ、サハリン2は中止される可能性があるようだ。ガスプロムはサハリン2の25%までの保有を目指しており、七つの海カルテルの主要企業が少数株主となることになる。サハリン2の埋蔵量は45億バレルである。だから、これはロシアが確実に主張する豊かな賞品なのだ。時間の問題である。

ブレア首相はロイヤル・ダッチ・シェルを代表して、シェルがサハリン1およびサハリン2の豊かなボーナスから除外されることに深い懸念を表明した。米国国務省はシェルとエクソンのためにロビー活動を続けているが、ロシアは別の計画を持っているかもしれない。ガスプロム筋によると、インド企業であるインド国営石油天然ガス公社（ONGG）と、サハリン1の20%の株式購入について密かに交渉しているとのことです。もし、この契約が成立すれば、ガスプロムは世界で最も生産性の高い石油・ガスプロジェクトで巨大な権益を得ることになり、七人姉妹カルテルのメンバーは非常に弱い立場に立たされることになる。

一方、ブッシュの「テロとの戦い」の偽善は、コロンビアで誰の目にも明らかだ。ブッシュの提案には、コロンビアで2番目に大きな油田からカリブ海沿岸までのオクシデンタル石油の480マイルのパイプラインを守るために9800万ドルを費やすことも含まれている。

この9800万ドルは、アメリカがすでにコロンビア政府に与えている13億ドルに追加されるもので、表向きはFARCの「麻薬テロリスト」と戦うためのものである。2001年には、コロンビア革命軍（FARC）のゲリラが賄賂の額を増やすためにパイプラインを爆破し続けたため、カノリモンのパイプラインが266日間も停止した。FARCの反政府勢力は、自分たちの脅しが空しくないことを強調し、「保護」のための資金をどんどん稼ぐために、過去15年間、定期的にパイプラインを停止してきた。一方、コロンビアの河川に流出した250万バレルの石油は、1989年にアラスカで起きたエクソンバルディーズの原油流出事故をはるかに上回る量です。

バルカン半島、カスピ海、アフガニスタンに気を取られているにもかかわらず、石油カルテルはイランの石油を押さえる意志を捨てていないのだ。ドイツBDN（秘密情報局）の情報筋によると、ブッシュ政権は、バンカーバスターと戦術核兵器を用いた集中飽和爆撃によって、イランの原子炉、大量破壊兵器施設、軍事施設を攻撃する計画を立案しているとのこと。この攻撃は、Mojahedin-e Khalq（MEK）、ペンタゴン特殊作戦部隊、その他のイラン反体制派グループの要素による都市および農村の重要なインフラの破壊工作と連携して行われる。

ドイツの情報機関が懸念を表明している内容は、CIAの一部から提供された機密報告書によるものである。どうやら、ブッシュ政権のネオ・ボルシェビキが、イランを攻撃することによって、世界大戦につながる連鎖を引き起こすことを恐れているようである。

CIAの諜報員は、米国のイラン攻撃計画に関する情報を、フランス、英国、カナダ、オーストラリアの諜報員にも伝えている。アメリカ帝国主義の対イラン戦争計画には、イランの石油埋蔵量と精製所の大部分があるイラン南西部のフーゼスターン州の急速な掌握も含まれている。

クゼスタンはシーア派の住民が多く、イラクの同胞と密接な関係にある。ブッシュの計画では、アフワズ民主共和国というアラブの独立国家を宣言し、アメリカ、イギリス、イスラエル、その他いくつかの緊密なアメリカの同盟国から外交的承認を受けるであろう、クゼスタンの人民民主戦線とアル・アフワズ解放機構の反政府勢力からの救援要請に応じて、イラク国境とペルシャ湾の海軍部隊からアメリカ軍の攻撃が行われる予定である。

第一次世界大戦後、クゼスタンはイランに併合され、かつての歴史的名称であるペルシャにちなんで、こう呼ばれるようになった。聖書にも旧名で何度も登場する。また、石油資源の豊富なカスピ海地域のアゼリ人やトルクメン人など、イランの他の少数民族の反乱をあおることも計画されている。

1991年の湾岸戦争は、大きなイベント、すなわちイスラエル、フランス、ドイツの支援を受けたアメリカのイラン侵攻の前の「幕引き」としてアメリカが扇動し、そのためにアメリカがフセインにイランとの戦争にGOサインを出したと考えるアナリストもいる。イラクにイランを攻撃させる目的は誰の目にも明らかだろう。イラクとイランは戦争をすることになり、両者は絶望的に弱体化することになる。少なくとも、アメリカはフセインに対して、多少の侵略は容認できる、つまり、アル・ルメイラ油田、係争中の国境地帯、湾岸諸島（イラクがクウェートやイランではなく、常にイラクの一部であったと主張するブビアン油田の領域を含む）を奪還するためのイラク侵攻に反対しない、と意思表示したのである。その後、引きこもりのエイプリル・グラスピーは、英国のジャーナリストから、1991年のイラク戦争開戦に果たした役割について質問を浴びせられ、追い詰められたが、一言も発せずにリムジンに乗り込み、ドアを閉めて走り去った。

2年後、NBCニュースの番組「Decision 92」の第3回大統領討論会で、大統領候補のロス・ペローの言葉が引用された。

> ...私たちは（サダムに）クウェートの北東部を占領していいと言った。彼が全体を占領したとき、私たちは気が狂いそうになった。それを伝えなかったのなら、なぜ上院外交委員会と上院情報委員会にすら、グラスピー大使への指示書を見せないのか？

ここで、（ペロー氏は）当時のブッシュ・シニア大統領に遮られ、絶叫された。

> それに応えなければならない。これは国家の名誉に関わることです。まったくもって不条理な話です。

湾岸戦争が終わった1991年4月11日、上院外交委員会に呼ばれ、フセイン大統領との会談について非公式に（宣誓の上ではなく）証言した。グラスピィは、「大規模な意図的な欺瞞」の犠牲者であると主張し、正確な内容が「多く」含まれていることは認めたものの、自分の立場を誤って伝える「でっち上げ」だと糾弾した。

その後、アメリカ総領事として南アフリカのケープタウンに赴任したグラスピー。2002年に外交官を引退して以来、音信不通である。まるでグラスピーが非人間になってしまったかのようです。なぜ、上院は歩み寄り、仕事をしなかったのでしょうか？なぜ国務省は、米国民が十分な権利を持つ情報を隠し、隠していたのか。

グラスピーの欺瞞の後、ジョージ・ブッシュ大統領は、イラクの主権を侵害する上に、米国憲法上も違法な、いわゆる「飛行禁止区域」での空爆を行いながら、戦争の風潮を醸成し始めたのである。国連でブッシュは、クウェート侵攻が解決されなければ、次は自分たちがフセインのリストに載ると主張し、「どんな犠牲を払っても戦争をする」チームでアラブの代表団を動かしたが、これは根拠のない完全な事実無根の話である。

ブッシュは、イラクに禁輸措置を取らせることに成功した。1991年1月29日、ブッシュは一般教書演説で、イラクに対する感情を煽る手段に出た。驚くべきことに、彼は次のような発言を付け加えた。

> "したがって、世界は現在のペルシャ湾の危機を機会に、新しい世界秩序という長年の約束を実現することができる。"

ブッシュがいわゆる「ペルシャ湾危機」の本当の理由を明らかにしたことは、もはや常識であったが、アメリカのマスコミのジャッカルたちは、大統領の言っていることを報道しなかった。新世界秩序の構想は、ジョージ3世までさかのぼるが、その構想はアメリカ独立戦争で中断された。ブッシュがイラク戦争に突入する計画はかなり露骨で、ワシントンの要人たちの中にも深刻な疑問を持ち、戦争太鼓判に反対する人が続出し始めたほどだ。その一人、ジェームズ・H・ウェッブ元海軍長官は、1990年11月12日のテレビ討論会で、公に懸念を表明した。

> ペルシャ湾に駐留する目的は、ブッシュ政権の新世界秩序を推進するためだ、そんなの嫌だ。

また、ブッシュ政権の戦争突入を強く批判したのが、元駐サウジアラビア大使で中東問題の第一人者であるジェームス・アトキンス氏であった。1990年9月17日に*ロサン*

*ゼルス・タイムズに掲載された*署名記事で、リチャード・チェイニー国防長官が、イラクによるサウジアラビアへの攻撃が迫っていると、ファハド国王を意図的に誤解させたと非難している。また、キッシンジャーがイラク戦争に反対するたびに、アトキンズに喧嘩を売っていたことも語っている。

国際的な場面では、フランスを筆頭に、イラクへの組織的かつ日常的な爆撃を懸念する国もあります。シャルル・ドゴール元農相がドイツ人記者に憂慮を表明した。

> そうでなければいいのだが(爆)。武器を持っているからこそ、国は強くなれるという事実に深いショックを受けています。経済的に極めて困難な状況にある米国が、日本や欧州を黙らせることができたのは、軍事的に弱いからである。様々な国が自分たちの世界秩序を守るために警察官にお金を払わなければならないことを、世界はいつまで受け入れるのだろうか。

もし、アメリカの脅迫に抵抗していれば、イラク戦争を防げたかもしれないロシアの沈黙が気になるところである。少なくとも、ロシアはイラク軍に最新鋭の防空システム「タマラ」を提供することができたはずである。上院・下院の野党議員の誰一人として、ブッシュの戦争への突進を止めることができなかった。この戦争は、実際のイラク侵攻をはるかに超える損害をもたらし、その衝撃波は2008年になっても続いている。正しい見方をすれば、300人委員会の命令によるイラク侵攻は、世界、特にヨーロッパに新世界秩序を押し付けることを目的としたものであった。

トニー・ブレア、ジョージ・ブッシュ・シニア、その息子G.W.ブッシュのイラク攻撃への意欲によって「300」が解き放った混乱は、まだ測り知れぬ。ウィルソン大統領がタンピコとベラクルスに海兵隊を派遣し、メキシコの原油を奪い取ったことから本格的に始まった米英の帝国石油政策が、少なくとも10年後まではその効果が明らかにならないうちに、大きな変化をもたらすことになる。

この帝国石油政策の追求は、何千人ものアメリカ人が人為的な状況だと考えている、9.11の惨事にも表れている。9.11が本当にパールハーバーのような人為的な状況だったとすれば、本質的には同じプレゼンテーションの次の段階であり、アメリカが世界の油田、特に中東、中央アジア、南米、マレーシア、ボルネオ、アフガニスタンを支配するための戦略であり、同時にアメリカを連邦共和国から新世界秩序の独裁国家に変貌させるための"fighting terrorism" という名目のもとであったのです。

米国は、ニューヨークの世界貿易センタービルへの攻撃によって、連邦共和国から一国独裁国家への変貌の「転換点」を迎えたが、それがほとんど反対もなく行われたことは、この出来事が果たした役割の重要性を際立たせるだけである。多くの鋭い観察者の意見では、あまりにも簡単に無差別に行われたため、この出来事は9.11が人為的に引き起こされた状況であるという多くの人々の考えを強化するものである。

第24章

ベネズエラの方程式への参入

50年後に石油生産がピークを迎えるとしたら、どのような展望があるのでしょうか。それとも、先進国の救いは、原油をはじめとする必須原材料の分野での絶対的な協力にあることを、対立する勢力が理解するのだろうか。過去50年間の米英の行動を基準に判断するならば、世界の石油資源の枯渇が危惧される中、米国の外交政策はローマ帝国並みの軍国主義を貫き、国内では反対意見を弾圧するという結論にならざるを得ないだろう。これが、すでに見えていることなのです。実際、イラク侵攻が始まって以来、大量の法律が成立しているのは、石油戦争への反対を減らす方向であり、同時に国民の抗議する権利を排除して国の最高法規を最小化するものであることの証拠である。

ブッシュ政権が導入した制限的な措置が、アメリカ国民の憲法上の権利に冷や水を浴びせたことは確かに事実である。2008年半ばになると、湾岸戦争以降に成立した抑圧的な法律が、意図した効果を発揮していることが明らかになった。このことが、ブッシュ政権の対ベネズエラ政策とその妥協なき指導者ウゴ・チャベスに対する抗議の気配を弱めているのだろう。

ベネズエラに敵意をむき出しにするワシントンを見れば、この国が石油をめぐる帝国主義的闘争の次のターゲットになる可能性はないとはいえない。それを踏まえて、2

008年のベネズエラをみてみよう。いくつかの変化がありました。華やかさはないと思います。ベネズエラの歴史の中で、国民の最も貧しい部分を助けるために、その膨大な資源を使うという身振り以上のことをする政府が存在するのは、おそらく初めてのことだろう。この援助は、主に保健、教育、協同組合などのためのものです。影響の大きさは一概には言えません。しかし、人々がそれに対してどのような反応をするのか、それが最も重要な問題であることは確かです。大切なのは、私たちがどう思うかではなく、ベネズエラの人たちがどう思うかということです。そして、そのことを私たちはよく知っています。

ラテンアメリカには、かなり優秀な世論調査会社があり、主なものはチリのラティーノ・バロメトロ社です。ラテンアメリカのあらゆる重要な問題に対する意識をモニターしているのです。チリで実施された最新のものでは、ベネズエラで1998年以降、民主主義と政府に対する支持が非常に急上昇していることがわかった。ベネズエラは、政府および民主主義を支持する国としてウルグアイとほぼ同数となっています。

政府の経済政策への支持、またその政策がエリートではなく大多数である貧困層を救うという考え方の点で、他のラテンアメリカ諸国を大きくリードしている。そして、他の問題についても同様の判断があり、かなり強く増加しています。障害にもかかわらず、ある程度の進歩があり、それが非常に重要であると世間では見られており、それが一番の尺度である。ベネズエラ統一社会党（PSUV）の設立が発表され、さまざまなサービスや企業の買収の試みが加速していますが、この革命は成熟しつつあるのでしょうか。なかなか言い出せないんですよね。矛盾した傾向があり、ベネズエラの問題は、どちらが優勢になるかということだ。民主化、権力の委譲、民衆議会、コミュニティによる予算管理、労働者協同組合など、あらゆることがより民主的な社会へと向かっている傾向にある。すべてが民主主義の方向に向かっている。

中央集権化、カリスマ的人物など、権威主義的な傾向もある。これらの政策だけでは、どのような方向に進んでいくのか、判断がつかない。確かに、国が自国の資源をコントロールするのは至極当然のことです。ですから、ベネズエラが自国の資源をよりコントロールできるようになれば、それは非常にポジティブな展開になる可能性があります。逆に、そうでない場合もあります。だから、たとえば1970年代にサウジアラビアが石油を国有化したとき、外国企業（主にARAMCO）に代わって自国の石油を管理したわけではありません。一方、サウジアラビアは厳しい専制政治が行われている。この地域におけるワシントンの主要かつ最も重要な同盟国は、残忍な専制国家であり、世界で最も過激なイスラム原理主義国家である。そのため、リソースの使い方次第でストーリーが変わってきます。メルコスール（南米南部共同市場）は、南米最大の経済圏を持つグループである。NAFTAのような自由市場協定に基づいており、支配的な新自由主義的教義に代わるものへと向かっているようには見えない。

今のところ、メルコスールは現実というより希望に近い。メルコスールはその一部であり、コチャバンバ会議はもう一つのステップであり、他のステップもある。統合は、主権と独立を維持するための強力なステップです。国と国が離れてしまうと、武力や経済的な絞込みによって、国が消滅してしまうことがあります。もし彼らが統合され、協力し合えば、外部からのコントロール、つまり過去半世紀にわたるアメリカのコントロールからずっと自由になれるのだが、それはもっと昔にさかのぼる。

ですから、これは重要なステップですが、障害もあります。ひとつは、ラテンアメリカも内部統合が切実に求められていること。これらの国々では、ヨーロッパ化された少数の裕福な白人エリートと、インド人、黒人、混血の人々との間に、激しい格差がある。人種間の相関は完全ではありませんが、相関はあります。ラテンアメリカは世界で最も不平等な国ですが、この問題も克服され始めています。まだ長い道のりですが、ベネズエラ、ボリビア、ブラジル、アルゼンチンでは正しい方向への一歩が踏み出され、他の地域では今のところそれほどでもありません。しかし、国家間の内部統合と外部統合はかなり重要なステップであり、これは500年前のスペイン植民地化以来のことであり、重要でないわけがない。

ここで、マンデートの拡大や最近のいわゆるイネーブル・ローテーションに伴う権威主義への批判のいくつかに話を戻そう。これらの法律は、国会で可決された。国会はたまたまチャベス大統領がほぼ独占しているが、その理由は野党が参加を拒否しているからで、おそらくアメリカからの圧力であろう。これらの法律が好きではない人もいるかもしれません。その結果は、民衆の圧力に左右される。権威主義への一歩になりかねない。それらは建設的なプログラムの実施に向けたステップとなり得る。それは私たちが言うことではなく、ベネズエラの人々が言うことであり、私たちは彼らの意見をよく理解しています。

ベネズエラの石油資源は、ニューヨークやロンドンなど欧米の貧困地域への援助を拡大する機会を与え、アルゼンチン、ボリビア、エクアドルの債務を買い上げることを可能にした。

まずは、ちょっと皮肉なことに、その欧米への援助から始めましょう。しかし、これには背景があります。始まりは、ボストンでのプログラムでした。上院議員のグループが大手エネルギー会社8社に連絡を取り、原油価格の高騰で石油代が払えないアメリカの貧困層を対象に、厳しい冬を乗り切るための短期的な支援をしてもらえないか、と依頼しました。ベネズエラのシトゴ社が、ボストンやニューヨークのブロンクスなどで、一時的に低コストの石油を供給したのです。それが欧米の援助です。だから、今はチャベスがアメリカの貧しい人たちに援助をしているだけです。

それ以外の部分については、そう、チャベスはアルゼンチンの債務の4分の1、つまり3分の1を買ったのだ。アルゼンチン大統領が言ったように、アルゼンチンのIMF離脱を支援するためのものだった。IMFは、アメリカ財務省の外郭団体のようなもので、ラテンアメリカでは壊滅的な影響を及ぼしている。そのプログラムは、ラテンアメリカでは、世界のどの地域よりも厳格に守られている。

ボリビアは25年間IMFの政策に従いましたが、最終的に一人当たりの所得は開始当初より低くなりました。アルゼンチンはIMFの申し子だった。世界銀行と米国財務省が決めた政策に従うよう、他のすべての人に促したのだ。しかし、その結果、経済が大混乱に陥ったのです。アルゼンチンはIMFのルールを根本的に破って何とか破局を免れ、キルチネルが言ったようにIMFを追い出すことを決意し、ベネズエラがそれを支援した。ブラジルはブラジルのやり方で同じことをし、今はボリビアがベネズエラの力を借りてそれをやっています。IMFが実際に困っているのは、その資金の多くが債権回収によるもので、その政策があまりにひどいために各国が融資を拒否したら、どうするかわからないからだ。

また、ペトロカリベは、カリブ海諸国などに有利な条件で石油を供給し、支払いを先送りするプログラムです。また、「オペレーション・ミラクル」というプログラムもあります。ベネズエラの資金を使って、キューバの医師を派遣しています。キューバの医師は非常によく訓練されており、第一世界のシステムに匹敵する非常に高度な医療システムを持っています。このプロジェクトは、完全に視力を失った視覚障害者の中から、手術によって視力を回復させることができる人を見つけることから始まりました。キューバの医師が身元を確認し、キューバに連れ帰り、キューバの高度医療施設で治療を受け、目が見える状態で帰国します。印象に残りますね。

アメリカとメキシコが同じようなことをしようとしたらしいが、実現しなかった。実際、チャベスのプログラムの影響は、ジョージ・ブッシュの最新の旅行で非常にはっきりと見ることができる。マスコミは彼のラテンアメリカに対する新しいプログラムの方向転換について話したが、よく見ると実際に起こったことは、ブッシュがチャベスのレトリックをいくつか取り入れたということである。チャベスのレトリックの一部を取り入れながら、それを適用しない、あるいはほとんど適用しない、それが素晴らしい新しいプログラムです。

どんな昔話でも-戦争の大義名分さえあれば-
流行するのだ。ウゴ・チャベスやイランのイスラム主義者マフムード・アフマディネジャドを除けば、「米国と敵対する者」という役割をこれほどまでに完成させた世界の指導者は他にいないでしょう。キューバの老いた独裁者フィデル・カストロやボリビアの民族主義者エボ・モラレス大統領など、米国の最も悪名高い敵対者を含む親しい友人たちとともに、チャベスは急速に世界の親民族主義・反米運動の主要な代弁者の一人になっている。チャベスは数年の政権運営の中で、ブッシュ政権に対する態度を公にしてきた。

> 「アメリカは、この惑星が100世紀に見た中で最も倒錯した、殺人的、大量虐殺的、不道徳な帝国である」とチャベスはカラカスの世界社会フォーラムで聴衆に語った。

これに対してアメリカ政府は、チャベス大統領が反米感情をあらわにし、「ボリバル革命」をラテンアメリカ全土に広げると繰り返し脅すのは、失敗した社会・経済政策から国民の目をそらそうと必死な指導者の戯言である、と評している。

もちろん、ベネズエラの政策が失敗したわけではないし、アメリカが侵攻してくる可能性もないとは言えないようである。しかし、チャベス大統領は最近、イランとのエネルギー、防衛、核、政治関係の強化に努めており、ワシントンはその考えを見直さざるを得ないかもしれない。カラカスで支持者を前に熱弁を振るったチャベスは、こう言った。

> 1997年から2005年までイランの大統領を務めたモハマド・ハタミとは兄弟同然の付き合いをし、その後継者のマフムード・アフマディネジャド大統領とは、同じく兄弟同然の付き合いをしている。

この発言は、チャベスの熱意と率直さでは珍しいものではないが、関係がどのような方向に向かっているのかを示している。結局のところ、すべての独立した主権国家には、友人を選び、同盟を結ぶ権利があるのです。

5月末にカラカスで開催された第141回石油輸出国機構（OPEC）閣僚会合では、イランとベネズエラの高官が、未開発のオリノコベルトでの石油プロジェクトやベネズエラ湾でのガスプロジェクトへのイランの国営石油会社ペトロパースの参加など、多くの二国間協定について議論した。両国は、ペトロパルス社が完成した燃料をイランに輸出できるようにすることを最終目標として、オリノコベルトの一帯で探鉱を開始する予定です。政府主催のエンジニアリング・プロジェクトを支援するため、イランの専門家が間もなくベネズエラに到着する予定です。イランとベネズエラは、主権国家、独立国家として、他国にとって不都合であっても自国の利益を追求する権利を持っていることを急いで付け加えておこう。これが国際法の前提である。ベネズエラはイランとのエネルギー関係が盛んになる一方で、欧米とのエネルギー関係は逆の方向に進んでいる。チャベス大統領は最近、ベネズエラに進出している外国の石油会社に対する税金を16.7%から33%に引き上げると発表し、これを「抽出税」と名づけた。チャベス大統領は、外国企業がベネズエラ国民に適切な補償をすることなく、自国の石油資源を搾取していると非難している。この非難は十分に根拠がある。

増税とチャベスの立場にもかかわらず、ベネズエラは米国にとって重要なエネルギーパートナーであることに変わりはない。エネルギー情報局（EIA）が発表した統計によると、ベネズエラは米国への原油輸出総額（日量120万バレル）で4位、石油製品輸出総額（日量150万バレル）で3位となっている（1位はカナダだが、喧嘩をするわけではない）。アメリカが日々の生活のためにベネズエラの石油に依存し続け、世界の他の地域からエネルギー資源を得ることが困難であることを考えると、ベネズエラのエネルギー部門へのテヘランの関与は、アメリカの国家安全保障に対する脅威と見なされるべきである、あるいはそうワシントンは言うのである。まず、ベネズエラが何をしようが、ブッシュ政権には関係ない。ベネズエラは連邦の51番目の州ではありません。

エネルギー協力に加え、カラカスとテヘランの間には軍事・情報関係の強化が図られている。米国国務省は5月、ベネズエラがイランやキューバなど、米国がテロ支援国家と認定する国と情報共有関係にあると非難した。これはあくまで意見であり、必ずしも事実とは限りません。米国務省は国際テロに関する年次報告書の中で、チャベス大統領がコロンビアで活動する二つの左翼ゲリラグループ、FARCと民族解放軍と「思想的親和性」を共有しているとし、両グループはワシントンからテロ組織とみなされていることを挙げている。だとすると、疑問が湧いてきます。なぜワシントンは、間違いなくテロ集団であるこの2つのコロンビアのグループとしばしば協力してきたのでしょうか？その結果、2005年に3390万米ドルにのぼったカラカスへの武器や予備部品の販売はすべて中止された。なぜ、このような戦争行為をするのか。ベネズエラがテロ集団と「思想的な親和性」を持っているという主張には、どのような根拠があるのでしょうか。これに対し、チャベス大統領の上級顧問であるベネズエラのアルベルト・ミュラー・ロハス将軍は、自国のF16戦闘機21機をイランに売却するよう勧めた。20年前の戦闘機は現在の基準では旧式だが、この提案はただでさえ緊迫した日米関係をさらに悪化させた。他の国が自分たちの顧客や友人を誰にするかを決めるのは、アメリカには関係ないことなのでしょうか？イランとベネズエラが核技術で協力関係を強化したとの報道は、ワシントンに警鐘を鳴らすものである。私たちは、ブッシュ政権全体がジョージ・ワシントンの告別の辞を読むことを強制されるべきであり、できるだけ早くそうすることを提案します

アルゼンチンの新聞「*クラリン*」*は*、チャベス政権がブエノスアイレスに対して原子炉の売却を要請したと報じた。イラン政府と同様、カラカス当局者も話し合いは行われたとしながらも、「原子の平和的科学利用」を探ることだけが目的だと付け加えた。そして、なぜいけないのか？なぜインド、パキスタン、北朝鮮、イスラエルで、ベネズエラでないのか？

2005年末、ベネズエラのウラン鉱脈が、両国間で結ばれた2億ドルの取引の一部として、テヘランに向かうと報じられた。宣教師と思われる人たちが、ウラン鉱脈の近くに小さな軍事施設と滑走路ができたという情報を本国に送ってきた。誰であろうと、宣教師にはとても見えない。

イランとベネズエラは、数十年にわたる膨大な内政干渉

を考えれば当然のことだが、アメリカを激しく嫌っている。中東や中南米の反米同盟を支援することで報復する方法を模索するのは当然である。

8日間のラテンアメリカ視察の際、イランのマジイス大統領Gholam-Ali Haddad Adelは、2国間で築かれた戦略的結束は、「米国などの威圧的な大国の脅威」への対応に根ざしていると述べた。イランとベネズエラは、米国による世界の不安定化という共通の目標を達成するための最善の方法は、力を合わせることであり、米国が目標とする対応をより複雑で高価なものにすることであると結論づけた。

ブッシュ政権の努力は、ニューオリンズの復興や、NAFTA、GATT、WTOの結果生まれたアメリカの貧困層と超富裕層の格差是正に費やした方が良いだろう。

熱狂的なイランをパートナーに、元空挺部隊の革命家チャベスは、反米を掲げ、シモン・ボリバールの亡霊を呼び覚ましたのである。ブッシュ政権は、このことを受け入れなければ、330年前のラテンアメリカでの戦争を再燃させる危険性がある。おそらく、そういうことなのでしょう。

2007年、ベネズエラのチャベス大統領がモスクワに発注したカラシニコフ小銃計10万丁の第一陣が到着しはじめた。

ベネズエラの軍隊は、大規模な採用活動や新しい技術によって、大きな変革を遂げようとしています。この決定は、チャベスをこの地域の不安定な影響力として見ている米国を心配させることになりそうだ。

チャベス大統領は時代遅れの軍備を一新する必要がある、というのが防衛専門家の大方の意見である。しかし、米国とベネズエラの隣国コロンビアは、3万3000丁のカラシニコフ銃の到着は、チャベスがこの地域で自分の体重以上のパンチをしようとしていることのさらなる証拠と見ている。ロシア製のAK103ライフルには、50万発以上の弾薬、先進のナイトビジョンゴーグル、銃剣が付属しています。しかし、ワシントンが最も心配しているのは、ベネズエラがこの地に工場を建設し、このカラシニコフ銃と弾丸を組み立てて輸出しようと計画していることだ。

チャベス政権は現在、この兵器の製造ライセンスを持つロシアのメーカーと交渉中である。最近、ベネズエラへの武器売却の全面禁止を命じた米国は、チャベス大統領がラテンアメリカを不安定にしようとしていると非難している。しかし、ベネズエラは防衛目的の武器を購入する権利があると主張している。チャベス大統領は、ブッシュ政権がベネズエラの石油資源を手に入れるために侵攻を企てていると繰り返し警告している。

イギリス戦争内閣の一等書記官であったモーリス・ハンキー卿は、1918年にこう述べている。

> "次の戦争での石油は、現在の戦争での石炭の代わり、あるいは少なくとも石炭と並列の位置を占めるだろう。イギリスの支配下で得られる重要な潜在的供給源は、ペルシャ（現イラン）とメソポタミア（現イラク）だけだ...」と。この石油資源の確保は、英国の戦時中の主要な目的となる。"

アラン・グリーンスパン 連邦準備制度理事会議長（1987-2006年）。

> 「サダム・フセインの大量破壊兵器に対する苦悩を公表していたにせよ、米英当局は、世界経済の機能にとって不可欠な資源が存在する地域での暴力行為も懸念していた。"

イラクを去るわけにはいかない。過激派が石油を道具に西側諸国を脅迫するかもしれないからだ。イスラエルを捨てない限り、彼らはそうするだろう。

George W. Bush, 1 November 2006:

> イラクで政権交代が起きれば、世界の供給量に300万から500万バレルの生産量が加わることになります。

ローレンス・リンゼイ（元ジョージ・W・ブッシュ大統領首席経済顧問）、2002年。

> エネルギーの安定供給は、私たちの繁栄と安全保障に不可欠です。世界の既知石油埋蔵量の65%がペルシャ湾に集中していることから、競争力のある価格の石油への確実なアクセスを引き続き確保し、石油供給に大きな支障が生じた場合には迅速かつ適切に対応しなければならない。

第25章

アメリカは石油戦争を無制限に続けることはできない

ブッシュ・チェイニー政権が発足した2001年1月、原油の国際価格は1バレル22ドル程度であった。それから約8年、原油価格は1バレル150ドル前後で推移しており、500%以上上昇している。つまり、石油に関する限り、ブッシュ・チェイニー政権のネオ・ボリシェヴィキがイラクで計画し期待したようにはいかなかったということだ。まず、湧き出るイラクの石油が侵略と占領の代償になると考えたのだ。その代わり、この冒険にかかる費用は1兆ドルに達し、米国経済に与える総費用は3兆ドルを超えると予想されている。

第二に、原油価格が過去最高水準に達し、ピークが見えないため、米国および世界経済が長期的な景気後退に陥る恐れがあることです。これは、イラクの石油生産量が期待したほど増加せず、むしろ2003年に米国がイラクに侵攻し占領したときよりも減少していることも一因です。マクロ経済的な観点から見ると、この違法で誤った戦争は大失敗であった。

それにもかかわらず、ブッシュ・チェイニー政権は、イラクからの撤退について散々敬虔な発言をしたにもかかわらず、50年にわたるイラクの米軍占領を計画しているのである。彼らは、イラクの占領を開放的な軍事占領と考えているため、占領を終了する日を決めたくないのだ。イラク侵略の本当の理由は、中東の石油を支配するという長期的な目標の追求と、イスラム教徒の隣国からイスラエルという国家を守ることだったのだから、これは予想されたことであった。確かに、米軍によるイラクへの軍事侵攻が「民主主義」や「国民の願い」とは無関係であったことは、誰もが知るところである。それは、イラクの石油資源の確保と、サダム・フセインというイスラエルの敵の一人を排除することに他ならない。

2007年5月31日、ゲイツ国防長官は、米国はイラクに「長期的かつ持続的に存在したい」と述べ、こうした長期計画を確認した。そのため、米国はバグダッドに、チグリス川のほとりの100エーカーの敷地に21棟の建物を建て、約1000人の職員を収容する世界最大の大使館を建設したのである。また、イスラム圏にある100以上の軍事基地を14の常設超軍事基地に統合しているのもそのためである

。

ブッシュ・チェイニー政権が、イラクの石油産業を民営化する法律の成立をイラク議会に強く働きかけているのも、このためである。もしイラクの現傀儡政権がこのような法律、いわゆる「炭化水素法」の成立を拒否すれば、ブッシュ・チェイニー政権に阻止された10億ドル以上の復興資金を失うことになる。中東の一国の石油資源を公然と軍事買収することは、今後長期にわたって世界の恒久的なテロと中東の恒久的な戦争を煽ることになるのは確実である。

そして、もしアメリカ人が2008年11月に共和党の大統領候補者であるジョン・マケイン上院議員に投票して3期目の大統領を選ぶなら、この政治家はすでに世界のその地域で100年戦争に従事しているので、こういうことになるのだろう。世論調査によると、イラク人の大多数は石油産業の民営化に反対している。とはいえ、イラクの石油の民営化は、ブッシュ・チェイニー政権がイラク政府に

押し付けている主要な「基準」の一つである。

占領下のイラクに傀儡政権を設置し、多少の圧力は必要であったにせよ、成果を上げている。例えば、2007年7月3日、米国が支配するアル=マリキ内閣は、スンニ派の閣僚が不在の中、米国の支援を受けた石油法案を承認した。この法案は、イラクの石油富をイラクの3大グループに分配するものだが、より重要なことは、米国や外国の石油会社がイラクの石油部門に参入し、いわゆる生産分与契約の下で民営化を実施できるようにするということである。これは、ブッシュ・チェイニー・ホワイトハウスが設定した重要な政策目標であり、「基準」ですらある。しかし、これまでのところ、イラク議会は、必要な議論を呼ぶ法案の承認に難色を示している。多くのイラク人は、石油生産と収益を外国の石油会社と共有するという政策、とりわけ「銃で奪われた」場合の政策に非常に抵抗があるため、抗議が広がっているからである。

イラクの石油産業は1975年から国有化されており、今から約33年前になります。確かに、アメリカ軍によるイラク侵攻・占領以前は、イラクの油田は国営企業を通じてイラク政府が管理していた。このため、イラクでは比較的高い生活水準が保たれ、地域屈指の医療制度が整い、一人当たりの博士号取得者数は米国を上回るほどだった。イラクの軍事占領と提案されている石油取引の下では、イラクの石油生産と収入の多くが外国の石油会社、主に米英のエクソン／モービル、シェブロン／テキサコ、BP／AMOCO、ロイヤルダッチ／シェルの支配下に置かれることになる。

イラクへの不法な侵攻を開始した2つの主要な理由の1つは、米軍の監視下で石油の流れを維持することであり、もう1つはイスラエルの戦略的敵の1つを破壊することであった。オーストラリアのブレンダン・ネルソン国防相など、多くの有識者は、中東における「資源の安全保障」の維持がイラク侵攻と占領の優先事項であったと述べている。そのため、2003年4月初旬に米軍がバグダッドに到着した際、イラク石油省の建物だけを確保するよう命じられたのである。それ以外のことは関係ない。

最後に、2002年10月11日、米国上院は77対23で、ジョージ・W・ブッシュとディック・チェイニーにイラクへの侵略戦争を開始する権限を与えたことを想起してほしい。現大統領候補のJohn McCain氏と元大統領候補のHillary Clinton氏はこの決議に賛成した。また、その10日前に中央情報局（CIA）が90ページに及ぶ極秘版「国家情報評価」を発表し、アメリカがイラクに侵攻した場合の悲惨な結末を延々と書き連ねていたことも忘れてはならないだろう。この報告書は100人の議員に公開されたが、わざわざ読んだのは6人だけだった。この知識によって、人々はこの戦争が始まる前にワシントンD.C.でどのような決定がなされたかを知ることができる。生死にかかわるようなことでも、即興が大手を振って行われた。そして今、中東をはじめ世界中で、恒久的な軍事占領、恒久的な戦争、恒久的なテロの種が蒔かれている。本当は、石油のために戦っているのです。

このような誤った政策の代償は高くつき、何年も続くだろう。実際、多くのアメリカ人は、イラクでの戦争関連の支出や赤字と、現在の不況やインフレの加速との間に関連性を見いだしつつある。このような無駄や戦争への出費は、教育からインフラに至るまで、他の必要不可欠な国政計画に充てられる財源の量を減少させる。国際収支の赤字を拡大し、米国に海外からの借り入れを強いる。そして、連邦準備制度が銀行危機を緩和するために金利を引き下げると、ドルが暴落し、原油価格をはじめ輸送や世界的に取引される商品に関するあらゆる価格が上昇すると、さらにインフレを促進する。現在のスタグフレーションは、米国の海外での過剰な軍事支出の直接的な帰結である。アメリカ人の大多数がこのことに早く気がつけば、もっといい。

しかし、2008年、ガソリン価格が記録的な高値になった今、この混乱から抜け出す方法はある。それは、ガソリン価格を安定させ、米国経済を安定させることである。政府がすべての戦略的石油備蓄を開放し、独自の製油所を作り、議会法で設立された非営利団体を使って、原価より少し高い値段でガソリンを生産するようにすること。ワイルドキャット掘削への課税を撤廃すれば、米国での石油開発事業に、より多くの小規模な掘削業者が復帰できるようになる。そうすれば、石油会社の欲が減り、ますます大きな利益を求める飽くなき欲望を止めることができるだろう。

米国は、たとえ「テロとの戦い」という名目であっても、石油のための戦争をいつまでも続けることはできない。アメリカは強力だが、無限に続く戦争で資源を枯渇させ続けることはできない。だからこそ、そのようなことが起こらないように憲法が書かれたのである。しかし、憲法を踏みにじり、国の最高法規を無視することで、ブッシュ・チェイニー政権は、米国をこのような悲惨な方向に導いてしまったのである。結末は予想がつく。

一方、イラク戦争は、87%のアメリカ人が反対しているにもかかわらず続いており、下院と上院の民主党は、2007年11月の選挙で与えられた指令に従って、この戦争を直ちに止める力がないようだ。

では、イラクの将来はどうなるのだろうか。憲法違反の戦争が長引くのか、それとも2009年に発足する新政権がこの大災害に終止符を打つことができるのか。それはまだわからない。

既に公開済み

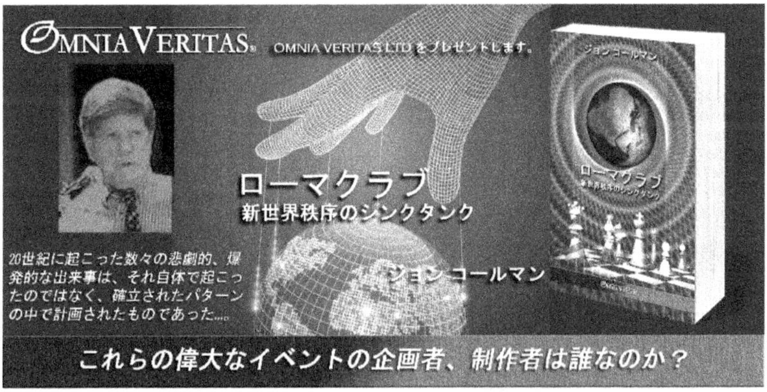
OMNIA VERITAS
OMNIA VERITAS LTD をプレゼントします。
ローマクラブ
新世界秩序のシンクタンク
20世紀に起こった数々の悲劇的、爆発的な出来事は、それ自体で起こったのではなく、確立されたパターンの中で計画されたものであった....
ジョン コールマン
これらの偉大なイベントの企画者、制作者は誰なのか？

OMNIA VERITAS
OMNIA VERITAS LTD をプレゼントします。
ジョン コールマン
陰謀者たちの階層
300人委員会の歴史
この神と人間に対する公然の陰謀は、ほとんどの人間を奴隷にすることを含んでいる...。

OMNIA VERITAS
OMNIA VERITAS LTD をプレゼントします。
ジョン コールマン
嘘による外交
英米両政府の裏切りに関する記述
国連創設の歴史は、欺瞞の外交の典型的な事例である。

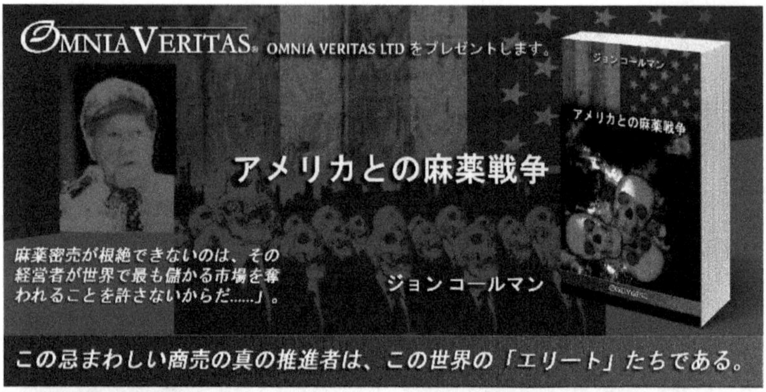
OMNIA VERITAS
OMNIA VERITAS LTD をプレゼントします。
ジョンコールマン
アメリカとの麻薬戦争
アメリカとの麻薬戦争
麻薬密売が根絶できないのは、その経営者が世界で最も儲かる市場を奪われることを許さないからだ......」。
ジョン コールマン
この忌まわしい商売の真の推進者は、この世界の「エリート」たちである。

OMNIA VERITAS
OMNIA VERITAS LTD をプレゼントします。
ジョンコールマン
陰謀の彼方へ
陰謀の彼方へ
見えない世界政府の正体を暴く
歴史的な大事件はすべて、完全な思慮分別に囲まれた人間によって密かに計画されている。
ジョン コールマン
高度に組織化された集団は、常に市民に対して優位に立つことができる。

OMNIA VERITAS
OMNIA VERITAS LTD をプレゼントします。
ジョンコールマン
ジョン コールマン
社会主義世界秩序の独裁者
社会主義世界秩序の独裁者
この数年間、私たちがモスクワの共産主義の悪に注目している間、ワシントンの社会主義者たちはアメリカから盗むことで精一杯だった......」。
"ワシントンの敵はモスクワの敵より怖い"。

OMNIA VERITAS
OMNIA VERITAS LTD をプレゼントします。
フリーメイソンのすべて
21世紀になって、フリーメイソンは秘密結社というより、「秘密の社会」になってしまった。
ジョン コールマン
フリーメイソンとは何かを解説した一冊

OMNIA VERITAS
OMNIA VERITAS LTD をプレゼントします。
ロスチャイルド家
ジョン コールマン
歴史的な出来事は、しばしば「隠された手」によって引き起こされる....。

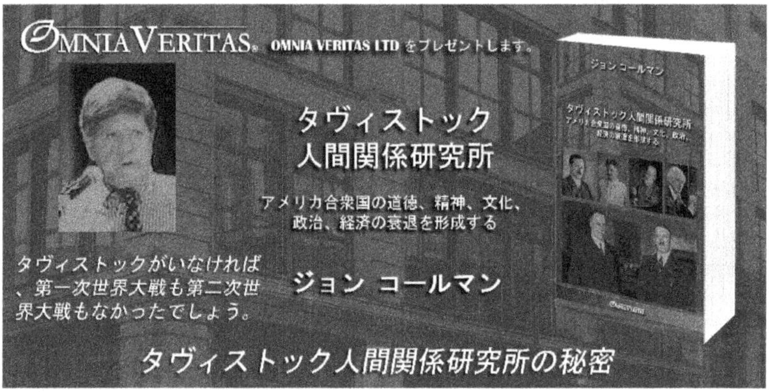
OMNIA VERITAS
OMNIA VERITAS LTD をプレゼントします。
タヴィストック
人間関係研究所
アメリカ合衆国の道徳、精神、文化、
政治、経済の衰退を形成する
タヴィストックがいなければ、第一次世界大戦も第二次世界大戦もなかったでしょう。
ジョン コールマン
タヴィストック人間関係研究所の秘密

www.ingramcontent.com/pod-product-compliance
Lightning Source LLC
Chambersburg PA
CBHW050133170426
43197CB00011B/1819
9781805400226